UN252984

明解 会計学入門

世の中の真実がわかる!

髙橋洋一

あさ出版

はじめに

「とにかく会計学だけは勉強しておきなさい。基礎知識を身につけるだけでもいい。将来、社会人になったときに、必ず役立つから」

もし、目の前に「これから大学生になる」という若者がいたら、私は強く、こう勧めるだろう。

すでに社会人になってしまっている人は、本書を心して読んでほしい。会計がわかっていると、世の中の見え方がまったく違ってくるからだ。

世の中に「学問」と呼ばれるものは数多くある。しかし「本当にタメになる学問」は、ほんのわずかだ。

数学、語学、そして会計学。

この3つくらいだと私は考えている。

これらに共通するのは、何だかわかるだろうか。

「違う世界を見るために必須の記述言語」である点だ。

数学は、すべてを数式で表す美しい学問だ。数字や記号という特殊言語がわからなくては、数式で何が表されているのか、わからない。私が大学で数学を専攻したのは、グレーゾーンがいっさい存在しない純粋性に、強くひかれたからである。

語学は、自分の目を世界へと開かせてくれる学問だ。外国語の単語や文法がわからなくては、その外国語で何が書かれているのか、わからない。

とくに学問では、「海を渡ること（他国の事例も見ること）」、川を上ること（過去の事例も見ること）」が重要とされているが、語学は「海を渡る」際に欠かせない。

少なくとも英語がわかれば、日本という枠組みを超え、だいぶ広い視野から、ものを考えることが可能になる。

そして会計学は、「お金の流れ」を誰が見てもわかる形で表すための学問だ。

会計学にも、この分野特有の言語がある。それを理解しなくては会計の世界、すなわち「お金の流れ」について書かれていることが、わからない。

私たちが生きている資本主義社会では、「お金の流れ」に「人や企業のあり方」が表れていることが多い。そこから、人や企業の「本当の顔」、もっといえば「お金と権力の関係」が垣間見えたりもする。

私が、つねづね「会計学を知っていると世の中の見え方が変わる」といっているのは、そういうわけだ。


たとえば「不良債権」を、ちゃんと説明できるだろうか。「バランスシート」とは何を記述したものであるか、知っているだろうか。

これらに始まる会計の基礎知識があれば、企業や国の財務書類が、ざっくり読めるようになる。それだけで、会計を知らない人とは違った、しかも、はるかにレベルの高い考察をすることもできるのだ。

これらの3つの記述言語を、すべてを身につけたら、見える世界がどれほど広がることか。私自身の経験からも本当にそう思うが、ここであえて優先順位をつけるとすれば、やはり、一番学んでほしいのは会計学なのである。

自然科学に属する数学は、知っていればもちろん役に立つが、知らなくても生きてはいける。

語学は、おそらく大半の人が必要性を重々承知しており、社会人になってから、改めて英会話などを学んでいる人も多いことだろう。

それに引き換え、会計学は「社会人に必須のリテラシー」といえるにもかかわらず、なぜか日本では見過ごされている。

こうした理由から、私は、ことあるごとに「誰もが、会計学の基礎知識くらいは身につけておくべき」といってきた。

おそらく、何かの打ち合わせのときにでも、私が同様の主旨のことを口にしたのだろう。

あさ出版の編集担当者から、「前におっしゃっていた会計学……？　とやらを、わかりやすくまとめていただけませんか」との依頼が入った。「今までにある会計学の本より、さらにさらに噛み砕いて解説してほしい」という。

もとより「経済は難しくて、よくわからない」「数字の羅列を見ると頭痛がする」などと、みずから公言している担当者である。

そして同様の「経済オンチ」「数字アレルギー」の人は、いまだに世の中にも多いらしい。

だとしたら、会計学の基礎知識を、それこそ「噛み砕いて、わかりやすくまとめた本」が改めて必要なのかもしれないと、引き受けることにした。

執筆においては、「〝わかっていない人〟代表」ともいえる編集担当者から、いつも以上に、さまざまな質問が入ってきた。

その質問たるや「〝わかっていない人〟代表」の真骨頂といえばいいのか、「こんなことも知らないのか……!」と驚き、半ば呆れてしまったこともしばしばだった。

彼女の質問には「もう、驚くことはないだろう」と思っていたにもかかわらず、そういう意味ではこちらの想像のはるか上をいっていた。

そのため、やや難航するところもあったことは否めない。

だが、そういう「わかっていない人」がつまずくところを、それこそ一つひとつ丁寧に潰していった甲斐あって、誰でも理解できる内容になったはずだ。

いつもいっているように、社会を読み解く知識は、社会を生きる「武器」になる。

本書では、「会計学という記述言語」を、新たな武器として身につけてもらえれば幸いである。

髙橋洋一

目次

第1章　最低限、知っておきたい「会計の基礎知識」
――今までどうして知らずに済んできたのか

第2章 会計がわかれば「金融&税金」もわかる
――〝ふんわりした理解〟では、わかったことにならない

第3章　「財務書類」を読んでみる

――まず、大きな数字を声に出して読んでみよう

編集協力／福島結実子

プロローグ

なぜ
「会計」なのか？

会計を知らなくては、社会人としてお話にならない

読者のなかに、自分が勤める会社の財務書類を見て「理解できる」という人が、はたして何人いるだろうか。

「なんとなく」ではダメだ。数字や言葉の一つひとつを隅々まで把握できなくてもいいが、**際立った数字から「会社の実態」を「的確に」**つかめるだろうか。

おそらく、自信を持って「理解できる」といえる人は、ほとんどいないことだろう。経済学者や経済記者など、一応、「数字がわかる」とされている人たちの発言や記事を見ても、「全然わかっていないんだな」と感じることが多い。

日本のいわゆる一流大学といわれるところを出ているという人だって、怪しいものだ。

それもこれも、日本の大学の法学部・経済学部では本格的に「会計」を教えないか

らだ。商学部でわずかに教えているくらいだ。

日本人は、一般教養として最低限の会計の知識を身につけていない。

これは、実は私が長年、憂えていることである。

会計というと、会計士や税理士などの専門職を思い浮かべる人も多いだろう。「一種の特殊技能だから、自分は会計の知識なんて身につけなくてもいい」と思っているのかもしれない。

たしかに特殊技能は、専門職の人たちのものだ。

たとえば髪を美しく切りそろえたりする技術など、私たちすべてが身につけなくても差し支えない。

定期的に髪を切ってもらいに行けばいいだけだ。

しかし会計の知識は違う。

細かい簿記の知識はともかく、**世界では会計の原理原則は、「知っていて当たり前の常識」**だ。

それを**「特殊技能」として、〝自分とは無関係のもの〟〝知らなくていいもの〟としているようでは、社会人としてお話にならない。**

会計とは、お金の出入りや財産を記録するためのものだ。

機能は単にそれだけのことだが、その記録から読み取れる情報は大きい。

しかも、上場企業であれば、財務書類はオープンであり、誰でもネットで簡単に閲覧できる。

人はウソをつくが、数字はウソをつかない。

会計の知識をもって財務書類を眺めてみれば、本当の「金の流れ」がわかる。

そして、**金の流れからは「権力関係」なんかも見えてくる。金と権力は、つながっているもの**だからだ。

こうした**「お金の本当のところ」**が読み取れるようになると、世の中の見え方も変わってくる。今より賢く、的確に、世の中をとらえられるようになる。

だから私は、**「最低限の会計の知識は、社会人として身につけておくべきだ」**といっているのだ。

今のところ、本書の読者より、商業高校を卒業した人たちのほうが、はるかに期待できるのではないか。彼らは会計のプロになるべく、簿記をみっちり学ぶからだ。あとは民間金融機関の融資担当者や、税務署員くらいのものだろう。

融資担当者は財務書類をもとに、担当する企業の財務状況を的確に読める。税務署員は財務書類の正誤をチェックし、税金の徴収額を計算する。

どちらも、会計がわからなくては仕事にならない。

かくいう私も、会計をしっかり学んだのは、大蔵省（現・財務省と金融庁）に入省してからのことである。大蔵省では税務大学校で会計を学んだのち、幹部候補研修の一環として全国各地の税務署長として配属されるからだ。

これは、「若殿」研修とかいわれ、大蔵省キャリアの特権であったが、近年では批判も多くなった。30歳前の若造が地方の税務署長として、自分の親くらいの年齢の税務職員を部下にもち、地元の名士として扱われるからだ。

そこで、今ではなくなっているらしい。

それに加えて、私は銀行の融資を査定する金融検査官も務めた。

これは財務キャリアとしては、きわめて珍しい経歴である。

このように、私はいわば「実地体験」で、会計の知識を身につけてきた。


ただ、読者が今から、必要性がないのに簿記を勉強するのは、効率が悪いだろう。

簿記は、覚えるべきことが非常に細かい。

もちろん、知っておいても損ではないが、**財務書類を「読む」うえでは、細かいことより「原理原則」を知ったほうが早い。**

その点、私は会計の実務をこなすためではなく、財務書類を「読む」ために、会計の知識を身につけた。だから、**最低限、身につけておきたい「常識としての会計知識」も、効率的にかいつまんで伝えることができる**と自負している。

たとえば「不良債権」を説明できるか

ではここで1つ、試しに問題を出してみよう。

「不良債権」

この言葉を正確に定義できるだろうか。

じつは経済の専門家ですら「不良債権は、不良債権でしょう」などといいよどんでしまう人は少なくない。

実際、バブル崩壊後に不良債権問題が噴出した際、テレビでまともな説明をしている経済学者は見当たらなかったように思う。

なかには「日本中で合計500兆円もの不良債権がある」なんて話している人もいて、「いったい何を指してそういっているのか」と不思議に思ったものだ。

きっと読者も、「不良債権＝何となく、よからぬもの」といったイメージでとらえている人が多いのではないか。

説明しよう。

まず**債権とは「資産」**のことだ。

資産にもいろいろあるのだが、ここでは「株」で考えてみよう。

たとえば、あなたがAという会社の株を１００万円で買ったとする。

これは**買ったときの金額で帳簿を付けるので「帳簿価格」**という。

ところが買った直後にA社の株価が下がり、あなたが持っている株の価値も70万円にまで下がってしまったとする。

これを**「実質価格」**という。

「帳簿価格＝実質価格」、あるいは「帳簿価格＜実質価格」であるうちは問題ないが、**「帳簿価格＞実質価格」となると、あなたは損をする**ことになる。

その債権は、あなたに損をさせる「不良」のものになるわけだ。

これが**「不良債権」**である。

厳密には、**帳簿価格より一定以上実質価格が低い場合を「不良債権」という。**

もちろんA社の株価が、ふたたび上がる可能性もあるから、そのまま持ち続けるという方法もある。だが、株価がもっと下がると見たら、損失を最低限に食い止めるためには、持っている株を売るしかない。

100万円で買ったものを70万円で売るわけだから、30万円の損になる。

帳簿価格と実質価格の差は損になり得るので、その差額を「不良債権額」と呼ぶことが多い。

では、B社に500万円を貸し付け、300万円が戻ってきたところでB社が倒産し、債権処理で未返済のうち50万円しか返ってこなかったとしたら、どうか。

あなたがもっているB社の債権は「不良債権」となり、500万円−350万円＝150万円が「不良債権額」だ。

ここでは、**帳簿価格より実質価格のほうが低くなり債権者に損をさせる債権を「不良債権」、その損の額を「不良債権額」**と呼ぶことにしよう。

となると、「500兆円の不良債権」というい方も、帳簿価格500兆円の不良債権があるのか、不良債権額が５００兆円なのか、ハッキリしない表現であるのが、わかるだろう。

「とにかく大変だ」といった誇大表現に過ぎず、実際には何もいっていないのと同じである。

「不良債権になっている債権総額がいくら、そのうち損失予想額（不良債権額）がいくら」ということを見なければ、事態を正確にとらえたことにならないのだ。

会計の知識があれば、こうした言葉もすっきり定義できる。

たかが言葉一つでも、どれほど正確に理解しているか。これが社会人としてのリテラシーを左右するのだ。

不良債権償却の「大魔王」

実は、この「不良債権」――1990年代の中盤で日本を揺るがした不良債権問題こそが、私の「実地体験会計」が役に立った例である。

今から20年以上も昔の話なので、覚えていない人やそんな時代を知らない人もいるかもしれない。

それまでの日本経済は成長を続け、不良債権はごく一部の企業にしかなかった。

しかし、バブル崩壊によって企業で不良債権問題が勃発し、銀行の貸出金を毀損させたのだが、なにしろ銀行の幹部も不良債権処理の経験が乏しい。

監督官庁の大蔵省（当時）でも「不良債権って何?」というくらい、幹部でさえまったく素人そのもので、会計知識が必須な不良債権処理の話ができなかった。

まして、きちんと会計の言葉で説明できる人など誰もいない。

東大も例外ではなく法学部と経済学部では、会計はレベルの低い学問とされ、まともに勉強する環境にはなかったからだ。当時の大蔵省幹部はもちろん東大法学部卒なので、会計を大学時代に勉強していなかったのである。

税務大学校でも会計にはそこまでウエイトを置いていないため、こういった専門的な話になると、自分でさらに勉強しなければ歯が立たない。

また、役所では、一般的に政策の方針を決めるときには、有識者を招いた審議会で決める。有識者には大学の先生などが入るのだが、東大経済学部の教授を招いても、同じく会計の知識はなく、不良債権に関して恥ずかしいくらいのトンチンカンな話をしていた。

だから、会計を勉強すると、すぐに東大法学部や経済学部卒業より賢くなれる――というのは、余談だが……。

いずれにしても、どこを見ても人がいないので、私が不良債権処理にかり出された。

役所の審議会でよくわかっていない人を「教育」するよりも、銀行を検査する「金融検査官」になって、銀行を指導したほうが不良債権処理は早くできる。

1993年7月の人事異動で、当時の大蔵省キャリア官僚としては異例の金融検査官になった。

そこで、命じられたのが、不良債権処理だったわけだ。

それほど一刻を争う事態だったのだ。


実地に銀行に検査に行って不良債権処理を命ずるとともに、そのための理論書を執筆するように、当時の大蔵省幹部からいわれ、個別の銀行の不良債権処理をしながら、すべての銀行に対して通達を出しつつ、業界向け金融雑誌で個別事例の不良債権処理を紹介するという忙しい日々を送ることになった。


そして、銀行への通達と雑誌掲載の個別事例がある程度まとまった段階で、本を出した。

それが、当時の銀行幹部であれば、誰でも知っている『金融機関の債権償却』(きんざい)という本である。この本は、背表紙が青色だったので「青本」と呼ばれ、銀行の不良債権処理のバイブルとされた。

実際、どの銀行でも不良債権処理はその本にしたがって行われ、その後、不良債権処理を怠って商法違反で事件となったときも、法廷ではしばしば引用されたものだ。

私は、いつしか不良債権償却の「大魔王」というあだ名を頂戴するまでになった。

このとき、会計を勉強していてよかったと思ったものだ。

もし会計を勉強していなかったなら、金融検査官にはならなかっただろうし、戦後の日本で最重要問題だった不良債権処理にも関われなかったにちがいない。

会計を知るのは、外国語を学ぶのと同じ

「不良債権」は日本語であり、日本人なら読むことも書くこともできる。

しかし「意味」を正確に理解しているかというと、怪しい。それは、これまで読んだだけでも、わかっただろう。

会計の言葉は、財務状況を表現することに特化した「記述言語」だ。

日本語であって日本語ではない。

そこまでいっては大げさかもしれないが、**財務書類を読めるようになるためには、それ専用の言葉を勉強しなくてはならない。**

そういう意味では、**会計を知るのは外国語を学ぶのと同じ**である。

なまじ日本語として読むことも書くこともできるから、わかっている気がする、理解したつもりになっている、それがもっとも厄介なのだ。

新聞で経済記事を読んでも、結局、何を読んだのかわからない、という経験はないだろうか。

その理由は、おそらく2つだ。

まず1つは、そもそも記者のリテラシーが低いせいで、記事がしっかり書かれていないこと。

記者自身がふんわりした理解に基づいて書いているから、ふんわりした記事になる。あるいは、財務官僚のレクチャーそのままに書くせいで、まるで伝言ゲームのように核心がぼやけた記事になることもあるだろう。

このように記事そのものが怪しい場合は、自分ではどうしようもない。

しかし、もう1つの理由は、記事を読む自分のほうに非がある。

要するに、**会計という「記述言語」がわかっていないから、読んでも理解できないのだ。**

会計を知らずに経済記事を読むことは、ろくに英語を勉強せずに英字新聞を読むのと、本質的には変わらないのである。

ただ、今、知らないのなら、これから知っていけばいい。

英単語を覚えれば覚えるほど、英語で書かれたものが読めるようになる。

会計の言葉も、学べば学ぶほど、財務状況を記述したものが読めるようになる。

しかも、**会計という記述言語は普遍的だ。いったん覚えてしまえば、半永久的に使える知識**なのである。

であるので、大学で勉強すべきものとして、私は会計を勧めているのだ。

このほかの英語と数学（特に統計学）も、記述言語であるので、他の分野の勉強をするときに役に立つ。

会計、英語、数学を学生時代に身につけておけば、その後、いろいろな分野を容易に勉強できるようになるのは間違いない。

世の中には発している側の見識を疑いたくなるような、流言飛語が絶えない。

「新聞やテレビで論じている人は専門家なのだから間違いないだろう」――そんな前

提でいると、自分まで本質を見誤ることになる。

そのうえ、今はＳＮＳで誰もが発信できる時代だ。ちゃんとした知識も見識もない人が、単なる感情やイメージで物をいう。そんなことも日常茶飯事だ。

言葉は悪いかもしれないが「キジも鳴かずば撃たれまい」――知らないのなら何もいわなければいいのに、なぜか**無知な人ほど、感情を煽るような発言を繰り返す**。

会計の知識を身につけることで、バカな経済ニュースや、日々、ＳＮＳを賑わせている流言飛語にも惑わされなくなるのだ。

「企業の本当の顔」は財務書類から見えてくる

詳しくは1章で説明するが、財務書類には必ず**「貸借対照表(バランスシート=BS)」**と**「損益計算書(プロフィット・アンド・ロス・ステイトメント=PL)」**という**2種類の表**がある。

お金の流れについて、この2種類の表がパッと思い浮かぶようになること、そしてこの2つの表から、お金の流れがつかめるようになることが、本書の目標だ。

私が普段、国や企業の財政状況について書くときも、そうだ。

まず、頭の中でBSとPLを書いたり、オープンになっている財務書類のBSとPLを参照したりする。

そして会計という記述言語で考えたことを、誰でも理解できるように、普通の日本語にしているのだ。

会計の原理原則は非常にシンプルである。

ただ、**すんなりと的確に読めるようになるには、ある程度場数を踏むこと**だ。

より多く財務書類を読むほど、よりすんなりと的確に、お金の流れが読めるようになる。

そこで本書では、実在の企業の決算書や直近の出来事から、いくつか実例を拾いながら、会計を解説していく。

実例を見ながら知識を深めれば、より早く自分で応用できるようになるだろう。

どんな業種か、あるいは企業か国かによって、決算書で使われている言葉が異なる場合もあるが、それはいわば「大阪弁か、東京弁か」といった程度の違いだ。

決算書の基本的な読み方は、どれも変わらない。

「お金」に関する現象を描写するのに、会計ほど便利で手っ取り早く、普遍的な「言語」はないといっていい。

投資を始めたいとき、自分で事業を興したいとき、テレビや新聞より的確に経済ニュースをつかみたいとき……などなど、「お金」に関して知りたいときに、この言語が役に立つ。

また、**お金は、その主《あるじ》の「実態」をありありと映し出す。**

詳しくは3章にて解説していくが、たとえば表向きの顔は「テレビ放送業」だが、実際に収益をあげているのは「不動産業」であったりと、**〝表向きの顔〟と〝本当の顔〟が違うのも財務書類を見れば一発でわかる。**

ここで、「企業の〝本当の顔〟がわかることに、何の意味があるのか」と思った人は、ちょっと想像力が足りないといわねばならない。

どちらの顔を見るかによって、投資判断は大きく変わるはずだからだ。

最低限の会計の知識を身につけ、企業の財務書類をざっくり読めるようになること。このリテラシーは、使いようによっては、自分の資産形成にも大きく関わってくるのだ。

お金の流れは「権力関係」をも映し出す

財務書類には、企業の「本当の顔」が現れる。

と同時に、**「お金の流れ」から「権力関係」も見えてくる。**

この**資本主義社会において、よくも悪くも、金は権力の象徴である。平たくいえば、金を握っている人が一番強い**ということだ。

一般家庭だって、生活費を稼いでいる夫より、財布のヒモを握っている妻のほうに主導権があるというケースが多いだろう。かわいそうなことに、妻から受け取るわずかな「お小遣い」で、日々の昼食代や飲み代をやりくりしている夫も多いと聞く。

企業も国も同様で、経理責任者（つまり「番頭さん」だ）や財務省は、否が応でも権力を持つ。

さらには、どうして銀行はいつも大きな顔をしているのか。

これもお金を握っているからだ。

資金を得て事業を始めたり、拡大したりしたい企業は、当然ながら、お金を握っている銀行に対して、下手に出ざるを得ない。

このように、**この世の中は、「お金=権力」の関係で回っている。**

世知辛いようだが、それが現実だ。

そこで企業の財務書類を読んでみると、その企業の大株主の名前も書かれている。会社をやっていくために、誰にどれだけお金を出してもらっているか──「お金=権力」だから、お金の流れにその企業をめぐる権力関係がにじみ出るわけだ。

企業の財務書類を概観するだけで、事実が読み取れる。

しかも**「財務書類にウソは許されない」**から、どんなコネを頼るよりも確実に「金と権力の関係」がわかるのである。

お金と権力は、資本主義社会の基本原理だ。

それらの流れを的確に見抜く力を身につけることがどれだけ大事かは、もうおわかりだろう。

第1章

最低限、知っておきたい「会計の基礎知識」

——今までどうして知らずに済んできたのか

会計の基本「複式簿記」って何？

プロローグを読んで、会計の基礎知識は、社会人が身につけておくべきリテラシーで、知っているのと知らないでいるのとでは、世の中をとらえる目に大きな違いが生じるということが、何となくわかってもらえたことだろう。

では、本章ではいよいよ、会計の基礎知識を見ていこう。

前にも述べたとおり、原理原則はシンプルだ。

BSとPLの役割と見方がわかれば、ほぼ飲み込めるといえる（ただし、実際の財務書類を読みこなすには、トレーニングが必要だが）。

では、「BS」と「PL」とは何だろうか。

■BS

決算時に、その企業が、「どれくらいの債務を負っており」（負債）、「どれくらいの資本を持っており」「これらのお金でどんな資産を手に入れ」（資産）、「差し引き、どれくらいの資産があるか」（純資産）をまとめたもの。

■PL

この1年間（もしくは四半期）に、その企業が「どれくらいの収益を得て」「どれくらいのお金を必要経費などに使い」「結果、どれだけの利益が出たか」をまとめたもの。

このうちＢＳについて理解するには、**「複式簿記」**をざっくりと知っておいたほうがわかりやすい。複式簿記とは、図版1のように、**右側と左側をセットにして、お金の出入りを管理する帳簿のつけ方**だ。

簿記の教科書では、右側は「貸方」、左側は「借方」と説明しているが、おそらくパッと聞いて意味がわかる人は稀だと思う。

じつは私も、「貸方」「借方」をわかりにくいと思った1人だ。

だが、意味を知ってしまえば簡単だった。

そこで、もっとわかりやすい言葉に、この2つを置き換えることにした。

右側は「ライアビリティ&キャピタル（負債と資本）」、左側は「アセット（資産）」と考えればいい。

もっとも、これは英語に不慣れの人にとってわかりやすいかどうかは、いささか心許ない。各人でわかりやすいように考えてほしい。

右側が入ってくるお金で、それがどのように変わったのかを左側で見ている。

どういう言葉に置き換えるかはともかく、これが複式簿記である。

お金の流れには、つねに2つの側面がある。

仮に、あなたが洋服を買ったとして、そのお金はどこから来たものなのか。

お金がふって湧くはずはないから、自分で稼いだか、人から借りたか、何かしら「お金の出どころ」があり、そのお金を「洋服」という形に変えたはずだ。

複式簿記では右側と左側とで、「1つのお金の取引」を表す。

[図版1]　複式簿記

日付	資産 (アセット)	負債と資本 (ライアビリティ&キャピタル)

今の例でいえば、稼いだお金もしくは借金は右側、それで得た洋服は左側に入る。

これから財務書類を読む知識を身につけていくうえで、まずはこの「複式簿記」の基本を覚えておいてほしい。


特に**「誰の」BSなのかは、つねに意識してほしい。**

会計がわからない人は、「誰の」という基本がおろそかになって、資産だとか負債だとかに気をとられてしまう。

たとえば、株式を考えてみよう。

これは、所有者から見れば「資産」であり、その人のBSでは左側になる。

しかし、出資を受けている会社から見れば、負債・資本合計であり、その会社のBSでは右側である。

この「誰の」BSかはつねに意識してほしい。

「自分で会社を始める」と考えるとわかりやすい

複式簿記では、右側には「お金の出どころ」、左側には「そのお金が形を変えたもの」が入る。

今度は、これを「自分で会社を始める」という場合に当てはめて考えてみよう。

まず右側の「負債と資本」は、どうなるか。

「負債」とは、たとえば事業を始めるために借りたお金だ。買掛金（代金後払いの仕入れ費など、ツケになっているお金）なども負債に入る。

一方、「資本」には、事業のために出資されたお金や、事業によって儲けたお金が入る。「お金の出どころ」だから右側に入るのだが、「負債」とは性質が異なる。

負債は「いずれ必ず返さなくてはいけないお金」であることに対し、**資本は「返す**

必要のないお金」といえる。

厳密にいうと、やや違うところもあるが、初めのうちはこれでもいいだろう。


たとえば、銀行からお金を借りたら右側に入る。

その他、社債を売って得たお金も借金だから、右側だ。

自分で用意した「資本金」や、株を売って得た「出資金」も右側だ。

また、事業を行った結果「利益」が出たら、これも右側に入る。


では左側には、何が入るか。

たとえば、銀行からお金を借りて、製品を作る機械を買ったなら、右側の「負債」に借りた金額、左側に機械の金額が入る。

右から左へと、お金が流れている、変化していると考えればいい。

このように**「何らかの方法でお金を得て、それを何かに変える」という企業活動は、一つひとつ、複式簿記で記していくことができる。**

事務所で使う鉛筆1箱、机1台を現金で買ったなら、右側に「現金いくら」、左側に「鉛筆1箱」「机1台」となる。

こうしたお金とモノの取引を、日々、複式簿記で管理するのが、会社の経理部の主な仕事だ。

＊複式簿記の感覚をつかむ

社会人の常識として、最低限の会計の知識を身につけるだけなら、複式簿記の記帳法を、詳しく知る必要はない。

ただ、ＢＳの概念を正確に理解しなくては、先に進めない。

そこでいくつか、複式簿記の練習問題を作ってみた。

次のようなお金の流れは、ＢＳにどのように記載されるだろうか。すでに説明したＢＳの基本ルールを頭に置いて、書いてみてほしい。

【複式簿記の基本ルール】

右側には「企業活動に関わるお金の出どころ」、左側には「そのお金が形を変えたもの」が入る。

問 題

（1）○月△日、コツコツ貯めた100万円を資本金として事業を始めた

（2）○月△日、銀行から100万円を借りた
＊借金を表す勘定項目は「借入金」

（3）○月△日、資本金100万円のうち、
現金10万円で仕事用のパソコンを買った

（4）○月△日、製品の原材料を現金10万円で買った

（5）○月△日、原材料10万円をツケで仕入れた
＊ツケを表す勘定項目は「買掛金」

（6）1ヶ月の事業で50万円の利益を得た
＊利益を表す勘定項目は「利益剰余金」

（7）○月△日、借金1500万円、資本金500万円で、2000万円の分譲住宅を買った

（8）○月△日、現金100万円でA社の株を100万円分買った
＊株を表す勘定項目は「有価証券」

答　え

（1）○月△日、コツコツ貯めた100万円を資本金として事業を始めた

日付	資産 （アセット）		負債と資本 （ライアビリティ&キャピタル）	
○月△日	現預金	100万円	資本金	100万円

解説

左側は「そのお金が形を変えたもの」を表す。まだ事業を始めたばかりで、何も得ていない状態では、左側は空白になると思ったかもしれない。でも、それでは、資本金100万円がどうなっているのかがわからない。

この場合は、手元に100万円の「現金」がある、もしくは100万円の「銀行預金」があるという意味で、「現預金　100万円」と左側に記載する。

（2）○月△日、銀行から100万円を借りた
＊借金を表す勘定項目は「借入金」

日付	資産（アセット）		負債と資本（ライアビリティ&キャピタル）	
○月△日	現預金	100万円	借入金	100万円

（3）○月△日、資本金100万円のうち、
現金10万円で仕事用のパソコンを買った

日付	資産（アセット）		負債と資本（ライアビリティ&キャピタル）	
△月○日	現預金	100万円	資本金	100万円
○月△日	パソコン	10万円	現金	10万円

（4）○月△日、製品の原材料を現金10万円で買った

日付	資産 （アセット）		負債と資本 （ライアビリティ&キャピタル）	
○月△日	原材料	10万円	現金	10万円

（5）○月△日、原材料10万円をツケで仕入れた
＊ツケを表す勘定項目は「買掛金」

日付	資産 （アセット）		負債と資本 （ライアビリティ&キャピタル）	
○月△日	原材料	10万円	買掛金	10万円

（６）１ヶ月の事業で50万円の利益を得た

＊利益を表す勘定項目は「利益剰余金」

日付	資産（アセット）		負債と資本（ライアビリティ&キャピタル）	
○月30日	現預金	50万円	利益余剰金	50万円

解説

利益は、事業そのものが「お金の出どころ」と考えれば、右側に入るということも理解できるだろう。

（７）○月△日、借金1500万円、資本金500万円で、2000万円の分譲住宅を買った

日付	資産（アセット）		負債と資本（ライアビリティ&キャピタル）	
○月△日	分譲住宅	2000万円	借入金	1500万円
			資本金	500万円

（８）○月△日、現金100万円でＡ社の株を100万円分買った

＊株を表す勘定項目は「有価証券」

日付	資産（アセット）		負債と資本（ライアビリティ&キャピタル）	
○月△日	有価証券	100万円	現金	100万円

財務書類は「BS」から見ていこう

いくつか練習問題を解いてみたように、複式簿記では右側と左側をセットにして、お金の流れを記録していく。

その**帳簿が1年分積み重なったところで決算**となるが、ここで**1年分の帳簿は「BS」と「PL」の2つの書類へとまとめ上げられる。**

企業の財務書類は、まずBSから見ていくのが基本だ。

形は複式簿記の帳簿と同様に、右側と左側に分かれている（図版2）。

右側は「お金の出どころ」、左側は「そのお金が形を変えたもの」という関係性も同様だが、**決算書であるBSでは、右側は「負債の部」と「純資産の部」に分かれている。**

「いずれ必ず返さなくてはいけないお金（負債）」か、「返す必要のないお金（純資産）」かを、分けて記載するのだ。

項目ごとに数字がズラリと並んでいるが、とりあえず**「際立った数字＝額が大きい項目」に注目**してみよう。

額が大きい項目を見ると、その企業がどんな資産に多くの資金をつぎ込み、多くの運用益を得ようとしているのかという、経営姿勢みたいなものが見えてくる。

そこから、その**企業の「本当の顔」が浮かび上がってくる**ことも多いのだ。

企業は資金を得たら、必ず何かしらの資産に変えている。

資産というのは、製品を作る機械であったり、不動産であったりと、さまざまだ。

たとえば同じ５０００万円でも、現金で持たずに設備という資産に変えれば、製品を作って売り、利益を得ることができる。

もしくは1億円の資金を不動産という資産に変えれば、賃料が入る。その不動産を１億１０００万円に上がったときに売れば、１０００万円を儲けることができる。

つまり、**「単なるお金」が「収益を生むお金」に**なる。

[図版2]　BS（貸借対照表）

（千円）

資産の部		負債の部	
流動資産		流動負債	
現預金	150,000	支払手形	60,000
受取手形	150,000	買掛金	40,000
売掛金	100,000	短期借入金	10,000
有価証券	30,000	流動負債合計	110,000
貸付金	20,000	固定負債	
流動資産合計	450,000	長期借入金	200,000
固定資産		社債	100,000
建物及び構築物	50,000	固定負債合計	300,000
土地	200,000	負債合計	410,000
機械	100,000	純資産の部	
投資その他の資産		株主資本	
投資有価証券	10,000	資本金	250,000
固定資産合計	360,000	利益剰余金	150,000
		純資産合計	400,000
資産合計	810,000	負債純資産合計	810,000

調達したお金で得た資産（資産の部）
他人資本（負債の部）
自己資本（純資産の部）
調達したお金（負債の部＋純資産の部）

これが、現金と資産の違いだ。

こうして**お金の「調達」と「運用」を繰り返す**ことで、**少しずつ資産を増やし、会社を発展させていく**ことが、**企業活動**というものなのである。

BSには、そんなお金の「入りと出」「調達と運用」の、ある時点での成果が記される。つまりBSを見れば、その企業が調達した資金で、どんな資産を得ているのかがわかるのだ。

さて、BSを眺めて、ざっくりこうした情報を得たら、次はPLを眺めてみよう。

企業では、BSに記載されるような資金で資産を得る以外にも、たくさんお金の出入りがある。

商売をしている以上、まず「売上」がある。

さらに「仕入れ」、「水道光熱費」、従業員への「給与」など、「費用」として消えてしまうお金もある。

こうした1年間のお金の出入りの結果、どれだけ利益が出たのかも、決算書では明確にしなくてはならない。

そのためにまとめるのが、ＰＬ（損益計算書）というわけだ。

また、ＰＬには有価証券報告書（財務局長と証券取引所への提出が義務付けられている上場企業の財務の開示書類）だと、**事業ごとの収益と利益も明記した「セグメント情報」**もついている。

これらを見ると、より**企業の「本当の顔」**が浮かび上がってくるのだ。

ＢＳとＰＬの違いを、私はよく「ストック」と「フロー」で説明する。

ストックとは「特定の時点の話」だ。

決算書のＢＳも、「決算時」という「特定の時点」の「負債、純資産、資産」の状態を示しているから、ストックの話である。

もちろん、負債や資産は、過去からの蓄積だが、**「決算という特定の時点で、それらはどうなっているのか」**をまとめたもの、ということだ。

対する**フローとは、「ある期間の話」**だ。

ＰＬは「1年間」のお金の出入りをまとめたものだから、ＰＬはフローを示すもの、ということになる。

この違いがわかれば、ＰＬはＢＳよりずっと理解しやすいかもしれない。

費目は細かく分かれているが、それはあまり気にしなくていい。

1年間で、どれだけの収益があり、そこからどれだけの費用が差し引かれ、結果、どれだけの利益が上がったかを示すのが、ＰＬだ。

では実際のＰＬとは、どんなものか。

図版3とは異なる形式もあるが、基本的な構造は大して変わらない。上から順に説明していこう。

まず、「売上高」は1年間で得た収益だ。そこから、仕入れを指す「売上原価」を引いたものが「売上総利益」だ。

この「売上総利益」から「販売費及び一般管理費」を引いたものが「営業利益」だ。

具体的には、水道光熱費や、従業員への給料、機材のリース代、オフィスの消耗品

[図版3]　PL（損益計算書）

（千円）

科目	金額
売上高	650,000
売上原価	450,000
売上総利益	200,000
販売費及び一般管理費	160,000
営業利益	40,000
営業外収益	
受取利息	100
受取配当金	2,000
営業外費用	
支払利息	1,000
経常利益	41,100
特別利益	
固定資産売却益	1,200
特別損失	
減損損失	200
税金等調整前当期純利益	42,100
法人税等合計	5,000
当期純利益	37,100

→BSの利益剰余金に含まれる

費、接待交際費などが、この「販売費及び一般管理費」に含まれる。

「営業利益」とは、つまり「収益から、仕入れ費用と、営業にかかる必要経費を引いた額」＝「その企業が事業によって得た利益」ということだ。

次の「営業外収益」は、主に利息・配当の収益、「営業外費用」は、主に利息の支払いを指す。

これらの差し引き金額を、先ほどの「営業利益」に合計した額が、「経常利益」となる。

さらに「特別利益」「特別損失」というのもある。

たとえば、もっていた不動産を売って得た利益は「特別利益」だ。「特別損失」は、もっている不動産の価値が下がり、そこから得られる収益が損なわれた、といった場合に計上される。

これらの差し引き金額を「経常利益」に合計すると、「税金等調整前当期純利益」となり、そこから法人税などの税金を引いた額が「当期純利益」だ。

1年間の売上高から、さまざまな費用や、その他の収益、支払い、さらには税金を、足したり引いたりした結果、「私たちの企業は、この1年間で、これだけの利益を得ましたよ」ということである。

こうして、**PL上ではじき出された利益は、1年間の取引の「結果」**といえる。

言い換えれば、**決算時という「特定の時点」の金額だから、最終的にはBSの「純資産」の一部にも乗っけられる。**

BSで〝もっとも注目すべき〟ところとは

一般的な感覚では、「借金＝なるべくないほうがいい、悪いもの」なのだろう。

もちろん、お金を借りるたびに「飲み食い」に消えてしまっては、あっという間に借金が膨れ上がってしまうし、その利息を払わなければいけない。借りたお金は消えているから、返すアテもない。

これはたしかに問題だ。

しかし、借りた金で、家を買う、車を買う、となればどうか。

お金を借りて家や車という「資産」を得るのだから、この場合は一概に「借金＝悪」とはいえない。

その資産は活動のために必要で、それで稼げるなら有用である。

企業も同様だ。

というか、**企業家なら、お金をどのように工面して、それをどのように増やすかを考えるもの**だ。

そもそも、なぜ、企業が利息つきの債務を負うかといえば、事業のために必要だからだ。銀行からお金を借りて、まるまる現金（預金）のまま持っておくということは、まずない。借りたお金で稼げず、利息だけ払うのではダメである。

事業に必要な機械を買う、不動産を買う足しにする……使い道はさまざまだが、**債務を負うことで、「資産」を得る**のである。

では、負債を持つことがいっさい問題ないかといえば、それは違う。

あるいは、資産が多ければ問題ないかといえば、それも違う。

重要なのは「負債と資産のバランス」なのだ。

このことを頭に入れたところで、ふたたびBSについて考えてみよう。

BSの右側は「お金の出どころ」を指すが、これには大きく分けて3つある。

「誰かから借りたお金」（借入金や社債）、**「自分や他人が出資したお金」（株主資本）**、

「自分で稼いだお金」（利益剰余金）だ。

この3つのうち、「誰かから借りたお金」は「負債」に入り、「自分や他人が出資したお金」「自分で稼いだお金」は「純資産」（資本）に入る。

そして「負債」と「純資産」の合計額は、左側の「資産」の合計額と一致するが、これはさほど意味がない。

定義のようなもので、これから意味のある結論が出るわけではない。

逆にいえば、「資産から負債を引いた額」が「純資産」ということだ。

会計の本を見ると、純資産は資本の部とも書いてある。もともと、この部分は株主から資金調達した部分なので、資本の部といういい方もできる。

右側の「負債」も「純資産」も、不動産や有価証券など、何らかの「資産」へと形を変えて、左側に流れている。

こうした資産に変わっていない分は、「現預金」として、ちゃんと左側に計上される。

だから、「資産」から「負債」を引いたら「純資産」になるというのは、当たり前

［図版4］　資産、負債、純資産の関係性

資産		負債	
現預金	40万円	長期借入金	80万円
不動産	100万円	社債	20万円
有価証券	10万円	**純資産**	
		資本金	40万円
		利益剰余金	10万円
資産合計	150万円	負債純資産合計	150万円

■資産－負債＝純資産

■資産合計＝負債純資産合計

なのだが、この大きさ、つまり**正か負かが問題**なのだ。

たとえば、上のようなＢＳがあったとする（図版４）。

資産は「現預金　40万円」「不動産　１００万円」「有価証券　10万円」の合計で１５０万円、負債は「長期借入金　80万円」「社債　20万円」の合計で１００万円だ。

したがって、「資産合計　１５０万円」マイナス「負債合計　１００万円」イコール50万円となる。

これが純資産の「資本金　40万円」プラス「利益剰余金　10万円」イコール50万円と一致するということだ。

「負債額だけ」「資産額だけ」を見ても、財務状況はわからない

私はつねづね**「グロス」と「ネット」を混同してはいけない**、といっている。

「グロスで見る」というのは、バランスシートの負債額だけ、あるいは資産額だけを見るということだ。

負債額と資産額の総額を、あえて別個に知りたい場合はグロスで見ればいい。だが、それだと、企業の財務状況は正確につかめない。

たとえば、資産額5000万円のA社と、資産額1億円のB社があったとする（図版5）。

資産額だけを見れば、A社の倍もの資産をもつB社のほうが優良企業に見える。

[図版5] BSの比較

（A社）

資産　5000万円	負債　1000万円
	純資産　4000万円
資産合計　5000万円	負債純資産合計　5000万円

（B社）

資産　1億円	負債　9000万円
	純資産　1000万円
資産合計　1億円	負債純資産合計　1億円

ところが、A社には1000万円の負債、B社には9000万円の負債があるとなったら、どうか。

つまり、**企業の財務状況を正確につかむには、「資産と負債の差し引き額」を見なくてはいけない**のだ。

これが負債や資産を「(グロスではなく)ネットで見る」ということであり、**BSでいえば「純資産」を見るということ**なのである。

今の例でいえば、A社の「純資産」は4000万円、B社の「純資産」は1000万円だから、評価は逆転する。

財務状況においては、A社のほうが優良企業ということになる。

もちろん、負債額から考えても同様だ。

C社に10億円の負債があったとしても、資産が12億円あれば、資産額6億円、負債額5億円のD社より安泰といえる。

負債額はD社のほうが大幅に低くても、純資産額ではC社が優っているからだ。

経済ニュースのおなじみワード「内部留保」の大勘違い

「内部留保」という言葉を、聞いたことはないだろうか。

よく経済ニュースで「企業が溜め込んでいるお金」のように紹介されるため、どちらかというと、悪いものというイメージが強いかもしれない。

実際、そのような文脈で「内部留保を切り崩して、従業員の給料を上げろ」といった提言をしているコメンテーターも見かける。

だが、**会計に「内部留保」という言葉はない。**

試しに本物の財務書類を見てみるといい。どこにも、そんな言葉は見当たらないはずだ。

では内部留保とは何かというと、多くの場合、**BSの「純資産の部」に入っている**

「利益剰余金」を指している。

言葉の細かい定義は置いておいて、ここでBSの右側は「お金の出どころ」であり、左側に流れている、変化していると説明したことを思い出してほしい。

つまり、**「利益剰余金」も、左側の「資産」を得るための「お金の出どころ」の1つ**なのだ。

「利益剰余金」は経年的に積み上がり、左側の「現預金」や、その他「土地」や「有価証券」などの「資産」に変わっている。

「事業で得た利益」=「事業から調達したお金」=「資産に変わるお金」であり、単なる「溜め込んでいるお金」とは、わけが違うのだ。

内部留保なんて言葉を使うと、あたかも「金庫にとってあるだけの現金」という感じがする。

しかし、今もいったように、「利益剰余金」は、左側の「資産」に変わっている。

しかも、「利益剰余金」からは、株主への配当も支払わなくてはいけない。

企業が稼いだお金を「金庫にとってある」ことなど、まずありえないのである。

すると「内部留保を切り崩せ」の何がおかしいかも、わかるはずだ。

これは、利益の額だけを見て、「こんなに儲けたのだから、もっと使え」といっているのと同じなのだ。

利益が、処分しにくい資産に変わったり、株主配当に使われたりしていることがわかっていれば、一笑に付すべき提言なのである。

「お金持ち」と「企業の経営状態」の共通点

突然だが「お金持ち」と聞くと、どんな人が思い浮かぶだろうか。

親から受け継いだ資産がある人だろうか。

それとも、自分で興した事業で、膨大な利益を得ている人だろうか。

「お金をたくさん持っている」という意味では、どちらとも「お金持ち」といえるだろう。しかし、会計的に見ると両者には大きな違いがある。

仮に前者を**「資産家タイプ」**、後者を**「実業家タイプ」**としよう。

資産家タイプは「現時点での資産」、つまりストックがたくさんあるということだ。

もし、いっさい働いていないとなれば、収入源は資産から得る利息や配当、家賃だけだ。それで生活費をまかないきれなければ、現預金は年々減っていく。資産の価値もいつ下がるかわからない。

つまり資産家タイプは、ストックを食いつぶす一方、フローが低いために、ゆくゆくは貧しくなっていく危険があるということだ。

一方、「実業家タイプ」は「毎年の利益が多い」ということだから、フローがたくさんあるということだ。

そして毎年のフローがたくさんある人は、当然、資産も増えていくことになる。

これは、どちらが「本当のお金持ち」かという話ではない。

ひと口に「お金持ち」といっても、すでにもっている財産が多い（ストックが多い）タイプなのか、毎年の稼ぎがいい（フローが多い）タイプなのか、そういう発想をもってみることが大事なのだ。

企業の経営状態を見る際にも、この発想が使える。

ＰＬの「営業利益」が前期より増していたら、ここ1年間の事業で、より多く稼いだということだ。うまい経営をしていると見ていいだろう。

利益が増えれば、資産も増える。そんな企業の経営は、上り調子といっていい。

逆に、ＢＳには不動産などの大きな資産があるが、ＰＬの「営業利益」が減っている企業は、どうか。

これは過去に得てきた資産はあるものの、ここ1年は大して利益が上がっていないことを示している。事業がうまくいっていないと考えられるが、資産が多いということは、そこから、少なからぬ収益を得ているはずだ。

受け取る利息や配当はＰＬ「営業外収益」に、不動産の賃料は「売上」、不動産の売却益は「特別利益」に計上される。

「営業利益」が下がってはいても、過去に得てきた資産が、この企業の経営を下支えしているとも考えられるのだ。

お金に色はついていない

ここまでは、会計用語に慣れ親しむために、具体的な勘定科目もいくつか挙げつつ、説明してきた。

簿記の教科書には、必ず、出たり入ったりしているお金の「仕分け方法」として、膨大な種類の勘定科目が出てくる。

プロの会計士や税理士などを目指して簿記検定その他を受けるのなら、もちろん、すべて覚えなくてはならない。

だが、決算書を見て、企業の財務状況を読んだりするうえでは、どこからどんなお金を得たか、何に使ったかを細かく見ていく必要は、実はあまりない。

なぜなら、**お金に色はついていない**からだ。

BSを見るときには、「右側で調達したお金」が「左側に運用されている」という関係性だけ、最低限、わかっていればいい。

どのような出どころのお金でも、どのように使われたお金でも、最後の帳尻がわかれば、それで事足りる。

最後の帳尻とは、すなわち負債と資産の差引額＝「純資産」の額だ。

ここが大きいのか小さいのか。小さすぎて、マイナスになっていたら大変である。

また、**PLを見るときは、最低限「売上高」「営業利益」**、そして**最終的な収支である「当期純利益」だけわかればいい。**

なお利益の累積額は、純資産額と大いに関係がある。

とりあえずは、今、挙げたことだけ覚えておいてほしい。

そして実際に決算書を読む際に、際立った数字（大きな額）の勘定項目の意味がわからなければ、その都度、意味を調べればいい。

すると、「なるほど、この企業には、こういう大きな資産があるのか」「なるほど、この企業の利益は、じつは、こういうものに支えられているのか」といったことがわかる。

勘定科目を丸暗記する必要はないのである。

第2章

会計がわかれば「金融&税金」もわかる

――〝ふんわりした理解〟では、
わかったことにならない

「金融」とは「BSの左側」に関わるもの

金融とは、いうなれば会計の構成要素の1つである。

それも、かなり大きなウエイトを占める構成要素だ。

会計的には、資産サイドの金融資産と負債サイドの金融負債がある。


では金融資産とは何か。

ひとことでいえば、実物資産でないが**「収益を生むもの」**だ。具体的には株を始めとした有価証券である。

世の中には、事業でがんばって生計を立てている人もいれば、事業の利益や銀行からの借金を元手に、株などの資産を得て、その配当や売却益などの収入で生計を立てている人もいる。

企業も同様だ。

さて、前章で説明した会計の基礎中の基礎が頭に入っている人は、ここでピンときたのではないか。

「資産」は、ＢＳの左側に乗る。

つまり**金融資産とは、ＢＳの左側に乗る項目の話**ともいえるのだ。

たとえば、あなたが企業にお金を貸したら利息が入る。

会社から得た給料を銀行に預けたとしても、わずかだが利息が入る。

企業にお金を出資したら、配当が入る。

不動産を買って他人に貸したら、賃料が入る。

これらはすべて、あなたの金融資産だ（もちろん、すべての資産には、右側の負債もしくは資本という「お金の出どころ」があることも、見過ごさないでほしい）。

ちなみに、仮に企業にお金をあげたとしたら、そこから収益は得られない。慈善事業などへの寄付金も同様だ。

つまり、あげたお金、寄付したお金は金融資産ではなく、BSにも乗らない。

これは、いわば「従業員に給料を払った」といった話と同列だ。

「こういう使い方をしましたよ」という「費用」としてPLに乗る。


一方、金融負債とは何か。

資産と負債は、数学の正の数と負の数の関係と似ている。

金融負債は「利息（それに準ずるもの）を取られるもの」だ。

もっとも、負債科目は、ほとんどそうしたものであるので、当面利息の払いがなくてもいつかは（それまでの分を含めて）取られるので、ほとんどが金融負債といってもいいだろう。

「貸付」と「出資」の違いとは

金融資産について、まず知っておくべきは「貸付」と「出資」の違いだ。

前項でも少し触れたが、ここでもう少し詳しく説明しておこう。

「貸付」と「出資」は、どちらとも**「事業のためにお金を出してあげて、見返りを受け取る」**というものだ。

では、何が違うかといえば、**見返りの形が違う。**

まず**「貸付」とは、お金を貸してあげること**だ。

したがって銀行の融資や社債は、貸付である。

貸した相手に業績悪化や倒産などの問題が起こらなければ、貸したお金は決められた期日どおりに利息が支払われ、償還日に元本が戻ってくる。

「出資」は、事業のためにお金を出してあげて、相手に利益が出たら、一定の見返りを受け取るというものだ。

株の「配当」がこれに当たるといえば、すんなりイメージできるだろう。

ざっくり、これが「貸付」と「出資」の違いである。

現金を現金のまま持っていても何も変わらないが、誰かにお金を貸しつけたり、出資したりすれば利息や配当という収益を生む。

お金を借りたり、出資を受けたりするほうの企業は、事業の資金を得ることができる。

「貸付」と「出資」のいずれも、お金を出す側と、出してもらう側の両方に、メリットがあるのだ。

また、お金を出す側から見れば、「貸付」には利息が、「出資」には配当がついてくる。

「貸付」に対して受け取る利息は、最初から利率が決まっており元本とともに必ず支払われる。つまり、貸主にとっては「どれくらいの利益になるかが、あらかじめ確定している金融資産」といえる。

しかも、たとえ貸し付けた相手が破産してしまっても、元本の一部は戻ってくるかもしれない（どれくらい戻ってくるかは、相手の負債状況などによるので、戻ってこないときもあるが）。

一方、「出資」に対して受け取る配当は、株を買った時点では、どれくらいになるかわからない。株を購入した元本も保証されていない。

仮に出資金を取り戻したいと思った場合は、株式市場などで売ることになる。

出資した会社の株価が、株を買ったときより高くなっていれば、市場で株を売ったときに、その差額が利益となる（これを「売却益」という）。

買ったときより株価が下がっていれば、その差額は損失になる（これを「売却損」という）。

いわゆるデイトレーダーなどの投資家は、株を売り買いし、売却益を積み重ねることで生計を立てているというわけだ。

出資した相手が大きな利益を上げれば、受け取る配当も大きくなる。株価も上がるから、株を売れば大きな売却益を得ることもできる。

しかし、出資した相手が倒産してしまったら、株券は紙クズと化す。もちろん配当は受け取れない。

出資した相手が破産する前に、うまく株を売りさばかなければ、株を買った元本もいっさい取り戻せない。

以上が基本だが、企業倒産時に、出資と貸付では返済順位に差があり、貸付は優先的に返済を受けられるが、出資の場合にはそれに劣後するので返済を受けられないことがしばしばなのだ。


というわけで、**お金を出す側からすれば、「貸付」は「ローリスク・ローリターン」、「出資」は「ハイリスク・ハイリターン」の資産**といえる。

立場を変えて、お金を出してもらう側から見れば、お金を借りるより、出資してもらったほうが、ありがたい。

[図版6] 出資と貸付

	貸付	出資
お金を出す側	利子収入と元本 ⬇ 【ローリスク・ローリターン】	配当収入 （株価が上がったときに売れば売却益、株価が下がったときに売れば売却損） ⬇ 【ハイリスク・ハイリターン】
お金を出してもらう側	利息の支払い 元本返済	利益が出たら 配当支払い

その理由は、もうわかるだろう。

お金を借りたら、利益が上がろうが上がるまいが、必ず期日どおりに、利息つきで返していかなくてはならないからだ。

その点、出資を受けたのであれば、配当は「利益が出たとき払い」でいい。元本を保証する必要もない。

これは、BSの「負債」と「純資産」の割合から、その企業がどれほどのリスクをとっているかがわかる、ということでもある。

借入金は「負債」に、株を発行して得た出資金は「純資産」の一部に入る。

「資産」＝「負債」＋「純資産」なので、

「負債」が返ってくるあてになる「資産」は「負債」相当額であるし、「資産」の残りの部分、つまり「純資産」に相当する資産額が「出資金」を持っている人に配分されるべき資産額になる。

負債が多い企業は、確定利付、償還すべき資金を持っているのでリスクをとっているといえる。

逆に、資本が多い企業ほど、確定利払いや償還義務がないのでリスクの低い安定路線を行っているといえるのだ。

実際、借入金の多い企業は、持っている資産の価値が少しでも下がると、銀行からケチをつけられる。銀行としては、お金を貸している企業の資産の価値が下がることは、貸したお金が焦げつくことにつながりかねないからだ。

もっとも、無借金経営であっても、持っている資産の価値が減れば、株主も黙っていないという意味では銀行と似ている。

ただし、株主は短期的な動きには銀行より少し寛容かもしれない。数年間無配であっても、数年後に株価が大幅に値上がりしていれば、株主は文句をいわない。

一方、銀行は毎年利息を払ってもらわないと困るという立場である。

「貸付と利息」「出資と配当」は、会計的にどう処理されるか

「貸付」と「出資」の違いがわかったところで、これらが会計的にどう処理されるのかも説明しておこう。

まず、お金を出す側のＢＳとＰＬはどうなるか。

ＢＳの右側には、「貸付」や「出資」に使った「お金の出どころ」が入る。そして、貸したお金は「貸付金」、出資したお金は「有価証券」という勘定科目で左側に入る。ＰＬには収益が乗るから、「貸付」に対する利息、「出資」に対する配当はＰＬに乗る。

一方、お金を出してもらう側のＢＳとＰＬはどうなるか。

これは前章の内容とも重複するが、おさらいもかねて説明しておこう。

ＢＳの右側の「負債」には借りた金額が入り、「純資産」には出資してもらった金額が入る。借りたお金は「流動負債」「固定負債」、出資してもらったお金は「株主資本」という勘定科目になる。

そして左側には、借りたお金や、出資してもらったお金で得た「資産」が入る。

このように、**お金を出してもらった側では、借りたお金か、出資してもらったお金かで、ＢＳ上の会計処理が異なる**のだ。

利息と配当の処理も異なる。

借金の利息の支払いは、「費用」としてＰＬに乗るが、出資者への配当の支払いは、ＢＳに乗る。

前に、ＰＬではじき出された「当期純利益」は、ＢＳの「利益剰余金」に乗っかると説明した。

配当は、その「利益剰余金」から支払われるのだ（配当の支払いに関しては、またいろいろな勘定科目が絡むのだが、ここでは割愛する）。

決算書が読めたほうが投資するにも絶対有利

私はつねづね、「銀行の定期預金を組むくらいなら、自分でリスクリターンを納得できるのであれば、生活費を損なわない額を投資に回したほうがいい」といっている。この低金利の時代では、銀行にお金を預けていても、得られる利息はスズメの涙だからだ。

会計的にいえば、銀行預金は、きわめて利益率の低い金融資産なのである。もちろん、それだけ安全ともいえるので、ローリスク・ローリターンである。

私が一番、勧めるのは国にお金を貸すこと、すなわち日本国債を買うことなのだが、それは、銀行預金よりローリスク・ハイリターンであるからだ。

なかには「企業に投資してみよう」と思い立つ人もいるかもしれない。これは、銀行預金よりハイリスク・ハイリターンなので、自分できちんと計算して納得できれば、やってもいいだろう。

「よりローリスクで」と考えるのなら、企業への「貸付」となる社債購入という道もある。

そんなときにも、会計がわかっていたほうが絶対に有利だ。

たとえば、企業に出資するには、その企業が発行している株を買う。

それには株式市場を介さなくてはいけない。

つまり、自社株を買うという話でもない限り、私たちが買えるのは、株を市場に公開している「上場企業」の株に限られる。

そして上場企業の決算書は、もれなくオープンになっている。

金融庁の「**エディネット**（http://disclosure.edinet-fsa.go.jp/）」というサイトで企業名を検索すれば、たちどころに有価証券報告書を閲覧できる。

あの企業に投資しようか、この企業に投資しようか……なんて悩んだとしても、決算書が閲覧できるとなれば心強い。

会計がわかっていれば、候補にあがっている企業、すべての有価証券報告書を見比べたうえで、投資先を判断できる。

この判断方法は、銀行の融資担当者の仕事に匹敵するといってもいい。**融資担当者が、企業の何を見て融資判断を下すかといえば、やはりメインは決算書**なのだ。

では、投資すべきかどうかは、どこを見て判断したらいいか。

ここまでくれば、もうわかる人も多いのではないか。

結論からいえば、**BSの「純資産」**である。

前に、「グロス」と「ネット」の話をしただろう。

どれだけ負債があるか、どれだけ資産があるかを見ても、その企業の本当の財務状況はわからない。資産から負債を引いた純資産が多ければ、その企業は、より安全に投資できる優良企業ということだ。

つまり、**純資産が大きいということは、資産（＝負債＋純資産）が負債よりかなり**

大きいとなる。その企業の社債にすれば、資産が目減りしても、負債の金額を上回っていれば、社債の償還には支障がない。

純資産が大きいということは、その可能性が大きいことになるので、社債への投資も安全というわけだ。

株式への投資はどうだろうか。

純資産に対応する資産が株式の価値に対応する。ざっくりいうと、純資産を発行株式数で割れば一株あたりの純資産額になるが、それが理論的な株価ともいえる。

純資産が大きいのは、株価が高いということでもある。

株式の場合には、一株あたりの純資産額が低いものを買って、その後の純資産額の増加を期待するという手法が一般的なので、純資産が現時点で大きいというのは、必ずしも株式投資に適切とはいえない。

しかし、この場合でも、純資産額の今後の予想がどうなるかという点で、やはり純資産額は注目される。

もう1つレベルをあげるのなら、**決算書のPLにくっついている「セグメント情報」も見る**といい。

前にも少し触れたが、「セグメント情報」は、その企業の「売上と利益」の内訳を明らかにしたものだ。どんな事業によって、どれだけの「売上と利益」を得たのかが、この1枚の表でわかる。

少し注意深く見ていると、表向きの本業と収益の多くを得ている事業とが異なるケースもある。

となれば、その企業に投資するかどうかは、表向きの本業の景気よりも、収益の多くを占めている事業の景気を見て、判断したほうがいいというわけだ。

近い将来銀行はなくなる？

お金を「貸し付ける・出資する」にも、お金を「借りる・出資を受ける」にも、必ずといっていいほど仲介業者が関わる。

上場企業の株は株式市場で取引されており、私たちは証券会社を介さなくては株を売り買いできない。社債も同様だ。

もっと身近な例は、銀行である。

銀行口座はお金を入れておく場所、いわば「タンス貯金より安全な金庫」といった錯覚に陥りやすいが、銀行もまた金融仲介業だ。

銀行は、私たちが預けたお金で、企業への貸付や出資を行っている。つまり**預金者と企業の仲介をしている**のだ。

その利息や配当で、銀行は食っている。忘れたころに、数円単位で私たちの口座に入ってくる利息は、銀行にお金を預けた見返りというわけだ。

ほんのわずかだが収益を生む、という意味では、銀行預金も、BSの左側に乗る「資産」であるというのは、すでに説明したとおりである。

さて、ここで問題にしたいのは、その銀行業である。

銀行は口座開設者からお金を預かって企業に貸付や出資をするが、**近い将来、この業態はなくなっていく可能性が高い。**

なぜなら、**お金を「出資する、出資してもらう」という取引が、銀行や証券会社という仲介者を経ずとも可能になっている**からだ。

「クラウドファンディング」という言葉を、聞いたことはないだろうか。

クラウドファンディングとは、いってみれば「ネット上の人気投票」だ。

お金を集めたい人が、インターネットを通じて出資を募ることができる。すでに映画製作業界などでは、資金を集める一手段として浸透しつつある。

たとえば私が、ある映画を作りたいと考えたとする。

しかし、映画を作るにはお金がかかる。映画製作会社に企画を持ち込んでも、門前払いだった。かといって私には、全費用をまかなえるだけの余裕がない。

ここでクラウドファンディングの出番だ。

私は、クラウドファンディングサイト（そういう専用サイトが、すでにいくつか存在する）で、「こういう映画を作りたいので出資してください。1口1000円です。映画ができたら、観賞券を差し上げます」と公開した。

すると「その映画を見たい」と思ってくれた何万もの人たちから、あっという間に数千万円の資金が集まった。

こうして晴れて念願の映画を作ることができた――というのは架空の話だが、こうした実例が、すでにいくつもあるのだ。

私も、クラウドファンディングで出資したことがある。

少し前にも、ある海外の零細ＩＴ機器メーカーが、ほかでは見ない、便利そうなデバイスの開発のためにクラウドファンディングで資金を集めているのを目にして、出資したばかりだ（私はＩＴ製品が好きなのだ）。

資金が集まり、生産できた暁には、公式発売に先駆けて、できたてほやほやの新製品を1台、もらえることになっている。

ここで気づいた人もいるだろう。

金融資産とは、「収益を生むもの」だ。従来どおりの貸付や出資であれば、その収益は、たいていは利息や配当という「お金」になる。

しかし、クラウドファンディングの場合は、もっと自由がきく。

映画製作なら観賞券、ＩＴ機器の生産なら新製品、という具合に現物支給もできるのだ。

さらには「映画のクレジットに出資者の名前を載せる」といった形もありうる。

その場合、出資者は何も物的・金銭的な利益を得ないが、出資者本人が、その見返りに納得してお金を出すのだから、まったく問題ない。

クラウドファンディングとは、金銭的な見返りとは限らない、もっと幅広い意味での有償の出資なのである。

これは「お金を出す側、出してもらう側の直接的な取引」だからこそ成立する話だ。

もし、そこに仲介業者がいたら、「そんな見返りでは誰も出資しない」「仲介している私にはフィーを支払え」などと文句をつけるだろう。

さらにクラウドファンディングが普及したら、銀行業はかなり分が悪くなるはずだ。

テレビドラマでは、零細企業の経営者が、資金を得るために銀行に頭を下げて回る、といったシーンがよくある。

銀行の融資担当者が、その企業の将来性を見込まなければ、融資はしない。あるいは、融資担当者が「ぜひ融資を」と考えても、支店長に却下される可能性もある。

だから、資金を得たい経営者は、銀行で土下座してでも、融資を認めてもらおうとするのだ。

でも、クラウドファンディングの場合、全世界のネット人口に向かって出資を呼びかける。テレビドラマのなかで四苦八苦している経営者も、みんなクラウドファンディングをしてみればいいのだ（そうなると、昔から何度も繰り返されてきた「話のわかる融資担当者との感動物語」は成立しなくなってしまうが）。

もし、クラウドファンディングをしても資金が集まらなかったら、その事業には、よほど将来性がないということだ——と断言することは神様しかできないが、全世界、幾万の出資者たちの判断と思えば、事業主のほうも諦めがつくだろう。

直接取引のクラウドファンディングでは、途方もないネット人口のうち、数パーセントでも賛同してくれる人がいれば、立派に資金集めができる。

そんななか、銀行の融資業務は「中抜き」され、存在価値をほとんど失う日も近いと見たほうがいい。

「ペイパル」は新時代の金融仲介業

銀行の存在価値が失われるというのは、先ほどの融資業に限った話ではない。実は口座から口座への送金といった業務も、ほかのものに取って代わられる可能性が高いのだ。

たとえばペイパルなどは、その筆頭といえる。すでにネットショッピングの代金や、会員制メルマガの会費を、ペイパルで支払ったことのある人も多いのではないか。

ペイパルは、ひとことでいえば、クレジットカード支払いの代行業だ。利用者は、あらかじめペイパルにクレジットカード情報を登録しておく。するとインターネット上で代金が生じたときに「ペイパルで支払う」を選択すれば、相手にクレジットカード情報を伝えずに支払いができる。
代金はペイパルが支払い、後日、支払い者の銀行口座からカード会社へと引き落とされた代金を、ペイパルが受け取るという仕組みだ。

以前は、クレジットカードを使うか、銀行で振り込むしか、送金方法がなかった。クレジットカードは手軽だが、セキュリティ面で不安が生じることもある。かといって銀行振り込みは面倒だ。

ネットバンキングで、出かける手間は省いたとしても、手数料がかかる。たかだか数百円の手数料だが、単にお金を送るだけで取られるのは、やはりおもしろくない。

ペイパルは、こうしたクレジット支払いと銀行振り込みの不満を、両方とも解消してくれる仕組みなのだ。

安心、安全、なおかつ手軽な入金方法があるとなれば、あえて手間も手数料もかかる銀行振り込みを選ぶ人は、ぐんと減るはずだ。

ペイパルのような仕組みが広がるにつれて、銀行はさらに立場を失っていくだろう。

「仮想通貨」をどうとらえるか

もう1つ、銀行の振り込み業務に取って代わる例は、ビットコインに代表される仮想通貨だ。

本節では前半で理想的な仮想通貨、後半では現状の仮想通貨を書く。それぞれ違うイメージになるが、理想と現状ということで注意して読んでほしい。

仮想通貨は投資の新しい形として、もてはやされてきた。価格の上下が激しいことから、「ギャンブル要素の高い投資法」というイメージが強いかもしれない。「仮想コイン」と呼ばれていることに、不信感を抱いている人も多いことだろう。でも「電子マネー」と同じ仕組みにもできる。こうすれば仮想通貨もいい。

余分な仮想通貨を持ち続けなければ、価格が下落して大損を被る、なんて心配もない。「送金するときだけ」と心得て、必要なつど、必要なだけの仮想通貨を買って送るようにすればいいのだ。

方法は簡単だ。

現在メジャーなビットコインを例に挙げて説明しよう。

まず、ビットコインの取引所（bitFlyerなど）に登録する。すると、ビットコイン用の「財布」（その名も「ビットコイン・ウォレット」と呼ばれる）と自分個人の「ビットコイン・アドレス」が作られる。

ビットコイン・ウォレットはビットコインの保管、ビットコイン・アドレスは、ビットコインの送金や入金に使われる。

誰かにお金を送りたいときには、登録した取引所で必要な額だけのビットコインを買う。たとえば1万円が必要なら、1万円で買えるだけのビットコインを買うということだ。

そのビットコインを、相手のビットコイン・アドレスに送信する。

これだけだ（もちろん、相手にもビットコイン・アドレスがなくては、やりとりできない)。

しかも、ビットコイン送金の手数料は、銀行の振り込み手数料より低いのだ。「送金手数料ゼロ」という取引所もある。

海外送金ともなれば、もっとすごい差になる。

経験のある人はわかるだろうが、日本の銀行から海外に送金するには、数千円単位の手数料がかかる。それがゼロ円~数百円で済むのだ。

ただし、本書執筆時点の2018年1月現在、ビットコインなどは投機の手段となって、価格変動が大きくなり送金手数料が高騰している。

「電子マネー」のような安心できる仮想通貨はまだ存在していないので、そうした仮想通貨ができるまでは、送金手数料の問題は解決できないだろう。

ともあれ、こうした仮想通貨によるお金のやりとりが一般的になれば、やはり銀行はお株を奪われることになる。

では、銀行も手数料を下げればいいかというと、それは難しいだろう。

手数料を下げれば収益が減り、収益が減れば人件費が払いきれなくなるからだ。

クラウドファンディングや仮想通貨の普及によって、以前は銀行の専売特許だった融資業も送金業も、どんどん取って代わられている。

銀行が生き残るには、経費の大部分を占めている人件費を減らすしかない。

現に3メガバンクが、合わせて3万人強の人員削減を決定したというニュースや、手数料を下げるどころか「口座維持手数料」なるものを、検討しているというニュースもあった。

じわじわと窮地に追い込まれ、生き残りを必死に模索している銀行の姿がうかがわれる。

なお、ここでお勧めしているのは長い目で見た、仮想通貨を決済・送金手段として用いることであり、投資対象としての仮想通貨ではない。

本書執筆時に、仮想通貨取引所運営大手のコインチェックで、仮想通貨「NEM（ネム）」が不正流出した。被害総額は580億円だという。

仮想通貨の特徴として、ブロックチェーン（分散型台帳）技術を使っており、理屈上は資金トレース（仮想通貨の所有者の追跡）が可能となっている。

このブロックチェーン技術をあえて例えれば、すべての人の手形の裏書をシステム上で行っているようなものだ。理屈上は、ブロックチェーンを見れば資金トレースができるもので、素晴らしい技術といえる。

ただし、技術が素晴らしいとしても、それを使う人は必ずしも善人とは限らない。筆者の経験からいえば騙す悪人の方が多い。

今回も不正流出先のデータ解析が行われているが、当然、不正を行う者も、そのことは百も承知だろう。

なぜ不正流出が行われたかといえば、よくあるサイバー攻撃に対してコインチェックが防御できなかったことが問題の本質である。ネムは中華系アプリの利用もできるので、サイバー攻撃の懸念が噂されていたものだ。

もちろん、サイバー攻撃に対しては何重かの防備態勢がある。

暗号鍵を複数にするとか、インターネットと完全に切り離された環境で仮想通貨を管理するなどである。

残念ながら、コインチェックのネムではそうした防備がなされていなかった。

同社のほかの仮想通貨では実施されていたとのことなので、ネムに起因することか、利便性を優先するなどして整備が手遅れになったかのどちらかであろう。

いずれにせよ、不備のそしりは免《まぬか》れない。

仮想通貨については、技術が進み過ぎている一方、投資家も一獲千金の夢が膨らみ、かなりアンバランスになっている。

安心できるような法的整備も当分は追いつかず、「無法地帯」に近い。

それが進取の人をひきつける魅力でもあるが、決済手段としても当分手を出さない方が無難であろう。

騒ぎが落ち着いた後でも、投資手段として仮想通貨を使うのはお勧めできない。

知っておきたい税の話
——自分で確定申告してみればいい

日本では、会社員の税金は企業が計算し、給料から天引きされることがほとんどだ。しかし、何事も自分でやってみるのが一番である。

会計がわかるようになる近道は、3月中旬に、自分で所得の申告（確定申告）をしてみることだ。

確定申告とは、いわば**「自分という個人の決算報告」**だ。

つまり1年分の会計処理を行い、自分自身の決算書を作るということである。

当然、ＢＳとＰＬも登場する。

今後、独立や副業を考えている人にとっては、もっと切実だ。そうなったら確定申告は必ず必要になる。今から覚えておくに越したことはない。

そうでなくても、家族の1年間の医療費が合計で10万円または年間所得の5％を超えたら、「医療費控除」が適用される。

「控除」とは、所得から差し引かれるものだ。税金は所得に対して算出されるから、控除を受けると課税所得（税金がかけられる所得）が低くなるのだ。

自分で確定申告をやってみる。**これほどわかりやすく、実利的な会計のトレーニングはない**だろう。

確定申告には、基礎控除のみだが簡単な「白色申告」と、基礎控除に青色申告特別控除がつく分少し手間のかかる「青色申告」がある。

ここで説明するのは青色申告についてだ。

青色申告は、1年間、複式簿記で帳簿をつけることが条件となっている（そう聞いて「なんだっけ？」となった人は、1章をおさらいしてほしい）。

帳簿をつけるというだけで、嫌になってしまったかもしれない。だが、パソコンで会計ソフトを使えば簡単だ。

入出金の額と勘定科目を入れていけば、自動的に帳簿ができあがっていく。

帳簿は税務署には提出しないが、確定申告の書類を作るときに必要になる。

また、ときたまあるが、税務調査が入ったときのために、申告書を提出した翌日から7年間、領収書とともに保管することが義務付けられている。


さて、ここからが確定申告の本番だ。

1年間の帳簿からPLとBSを作り、最後に申告書に記入する。

PLもBSも申告書も、国税局が作ったフォーマットがある。

近所の税務署に取りに行ってもいいし、国税局のサイトからダウンロードもできる。

国税局のソフトでネット申告をすれば、さらに手軽だ。私も、毎年、そうしている。


まず作るのはPLだ。

1年間の売上から、1年間に支払った仕入れ費の合計や諸経費の合計、さらには青色申告控除額などを引いていって、最終的にその年の課税所得をはじき出す。

ＰＬができたら、次はＢＳだ。

これで今期末時点での自分の資産状況を明らかにする。

ＢＳは「期初」と「期末」とに分かれており、前回の決算時（期初）と今回（期末）とで、どれくらい資産状況が変わったのかが、わかるようになっている。

期初の列には、前回の決算時の数字をそのまま入れればいい。

期末の列には、計算機を片手に、この１年の帳簿を見ながら記入していく。

１年間で得てきた資産と、この１年間で生じてきた負債及び資本を、勘定科目ごとに足し算していき、合計額を書き込む。

そして最後は申告書だ。

これは、ＰＬを見ながら、機械的に記入していけばいい。

先に触れた医療費控除などを記入する欄もある。

最終的に課税所得に税率をかけて、税額を確定させる。

こうして、いくら税金を納入しなくてはいけないのか、もしくはいくら税金が還付されるのかが、明確になるというわけだ。

まずＰＬ、次にＢＳ、最後に申告書。

これらがそろったら、あとは税務署に提出するだけだ。

会計の原理原則はシンプルであり、帳簿さえつけてあれば、申告自体の手順は、あっけないほど機械的で簡単なのである。

税務署は何をチェックしている？

企業や個人が作成し、提出した決算書をチェックするのは、税務署の職員だ。

では、彼らはいったい、何をチェックしているだろうか。

まず、決算書の計算が合っているかどうかだ。

ＢＳやＰＬの計算が間違っていたら、申告額も税額も間違っていることになってしまう。

しかし、彼らは単に電卓をはじいているだけではない。

提出された申告書が、本当に申告者の財務状況と合っているかどうかをチェックすることも、税務署員の大きな仕事なのだ。

税務署のほうでも、じつは企業や個人の資産をだいたい把握している。たとえば不動産だったら、登記所がもっている登記情報を参照すれば、すぐにわかる。

そして資産がわかれば、収益もだいたいつかめる。

資産があるということは、それを得た「お金の出どころ」があるはずだからだ。

繰り返し説明してきた、ＢＳの右側と左側の関係性の話である。

「お金は右（負債と資本）から左（資産）へ流れている」のだ。


また、資産は「収益を生むもの」だ。資産があれば、その資産から相応の収益を得ているはずである。

つまり、税務署は独自につかんでいる個々の資産から、「この人には、これくらいの収益があるはず」ということまでわかってしまうのだ。

その想定が、申告者の決算書と食い違っていたら、申告者は資産を隠すことで収益を隠し、課税所得を低く見積もり、脱税を目論んだと見なされる。

「あなたには、これだけの資産があるのだから、本当はこれくらいの収益があるはずで、これだけ申告をしなくてはいけませんよ」というわけだ。

逆に、隠している収益を見つけ出し、そこから隠れ資産を見つけるというのも、できないわけではない。

しかし、これは1年間の取引を一つひとつ辿り、PLにない収益を見つけ出すという作業だから、大変だ。

その点、**資産は、1年間の「結果」を見ればいいだけ**だ。

つまり**フローを追うより、ストックを見たほうが、ごまかしているところを見つけやすい**のだ。

BSにない資産が見つかれば、そのウラ側にあるはずの収益を隠しているだろう、と予測できる。

もちろん、その資産を得た「お金の出どころ」が、収益ではなく、銀行からの「借入金」という可能性もある。

これは通帳を見れば、真偽はすぐにわかる。

本当に借入金だったら、「すみません、借入金を書き忘れていました」だ。

だが、もし通帳に借入の記録がなければ、いくら「銀行から借りました」と言い訳しても、「やはり収益を隠していますね」となる。
たまに「〇億円の所得隠し」などと脱税の摘発が報じられるが、それは税務署員が、提出されたＢＳとＰＬのウソを見抜き、手柄を立てたということなのだ。

とはいえ、こうした話は、年商何億円といった規模の企業や個人のものだ。
おそらく本書の読者の多くは、そこまで収益も多くなければ、巨額の資産をもっているわけでもないだろう。

独立や副業をするにしても、事業規模が小さければ、白色申告で事足りてしまう。
白色申告の場合、提出するのは、ＰＬ（白色申告では「損益計算書」ではなく「収支内訳書」と呼ばれているが、役割は同じ）と申告書の２つだけで、ＢＳの提出は義務付けられていない。

そもそも大きな資産がなければ、おそらくＢＳを書いたとしても、ほとんど埋まらない。

左側がなければ右側もないし、右側がなければ左側もないからだ。
税務署のほうでも、資産状況を調べようと思えば調べられるが、白色申告者は、も

と	より事業規模が小さく、収益も低く、したがって納税額も少ない。

　そこに、巨額の脱税につながるような隠れ資産や隠れ収益があるとは、考えにくい。

　所得が2千万円を超え、かつ、その年の12月31日において、その価額の合計額が３億円以上の財産又はその価額の合計額が１億円以上の国外転出特例対象財産を有する人は、「財産債務調書」というＢＳを提出しなければいけない（財産債務調書制度）。

　どうせ追いかけるなら、もっと大きな企業や個人を、と考えるのが自然だろう。


　ただし、２０１８年から、マイナンバーの銀行預貯金口座への付番が始まる。ということは、税務署は国民の資産状況をより把握しやすくなるだろう。

　これからは、国民のＢＳも、ある程度、税務署につかまれていると思ったほうがいいかもしれない。

第3章

「財務書類」を読んでみる

——まず、大きな数字を
声に出して読んでみよう

「絶好調の会社」「良好の会社」「倒産寸前の会社」は、どう違う？

今まで頭に入れてきた知識があれば、上場企業の有価証券報告書も、だいたい読めるようになる。

おさらいとして、重要なポイントは次のとおりだ。

・BSの右側は「負債」と「純資産」、左側は「資産」
・左側の「資産」から、右側の「負債」を引くと、「純資産」になる
・財務状況のよしあしは、「資産」と「負債」のバランス、つまり「純資産」でわかる

[図版7]　A社

資産		負債	
現預金	1000万円	長期借入金	1億2000万円
不動産	1億5000万円	社債	4000万円
有価証券	9000万円	負債合計	1億6000万円
		純資産	
		資本金	3000万円
		利益剰余金	6000万円
		純資産合計	9000万円
資産合計	2億5000万円	負債純資産合計	2億5000万円

最低でもこの3点がわかっていれば、BSから、その企業の財務状況がわかる。たとえば、図版7~9のA、B、Cの3社のうち、どの企業がもっとも健全か、わかるだろうか。

この問題は、簡単に解けたのではないか。

A社とB社の違いは純資産の大きさだ。

A社を「良好」とすれば、B社は「絶好調」といえる。

ではC社はどうか。

負債が資産を上回ってしまっている。

これは**純資産がマイナスという「債務超過」の状態**であり、C社は倒産といえる。

というのは、「債務超過は負債が完全には返せない」という意味で、倒産事由になっているからだ。

倒産というと、「原因は資金繰りが悪化し～」といった話が出るが、会計的にいえば、もっとシンプルだ。

負債が資産を上回り、純資産がマイナスという状況になる。これだけだ。

今ある負債のすべてを返済できないので、これから誰かがお金を貸しても、それも返せない。

というわけで、どこもお金を貸してくれず、外部への支払いができなくなり、倒産する。

お金を貸さないというこうした判断の下にあるのは、債務超過という財務状況だ。

借金をすると、利息を支払わなくてはいけない。

利息は「費用」として収益から差し引かれるものだから、利息を払うと、当然、PL上の利益は圧縮される。

つまり、**ちょっと大きな負債を抱えると、その利息の支払いも大きくなり、それだ**

[図版8]　B社

資産		負債	
現預金	1000万円	長期借入金	5000万円
		社債	1000万円
不動産	1億5000万円	負債合計	6000万円
有価証券	9000万円	**純資産**	
		資本金	1億円
		利益剰余金	9000万円
		純資産合計	1億9000万円
資産合計	2億5000万円	負債純資産合計	2億5000万円

[図版9]　C社

資産		負債	
現預金	1000万円	長期借入金	1億7000万円
		社債	1億2000万円
不動産	1億5000万円	負債合計	2億9000万円
有価証券	9000万円	**純資産**	
		資本金	4000万円
		利益剰余金	▲8000万円
		純資産合計	▲4000万円
資産合計	2億5000万円	負債純資産合計	2億5000万円

け利益が減り、結果的に純資産も減る。

せめて、利息を支払えていれば、銀行は、それほど文句はいわない。

だが、資産から得られる収益が芳しくなければ、利息の支払いに追われ、やがて利息の支払いすら滞る。

すると銀行も黙っていない。

これは倒産する企業に見られる1つの典型的パターンだ。それも、債務超過という、資産のほうが負債より小さい状況だからだ。

資産の生み出す収益が、負債の生み出す利払いよりも小さいのは、債務超過に大きな原因がある。いずれにしても、債務超過という状態が、すべての原因になっている。

債務超過こそ、倒産の理由なのだ。

この点からも、ストックのBSが重要になる。

よくわかっていない人ほど、倒産というとあーでもない、こーでもないと御託を並べるが、そのほとんどは債務超過が根本原因になっている。

企業が倒産すると、裁判所に選任された管財人が、その企業の資産を調べる。資産を売り、債権者たちの返済に充てるためだ。

有価証券や土地建物はもちろん、社長の自宅なども対象になる。たいていは、自宅を担保にして資金を借りているからだ。

もちろん、すでに債務超過だから倒産するわけで、借金は全額返済できない。

しかも土地建物は、評価額より格段に安く処分されるのが普通である。債権者に戻ってくるのは、せいぜい貸付金の数パーセントから数十パーセントくらいだ。

それでも資産を処分し、債権者に振り分けたら、倒産の手続きはおしまいだ。

言い方は悪いかもしれないが、倒産した会社の経営者は、借金をだいぶ踏み倒すことになる。

たくみに資産を隠したりしていない限り、経営者は資産をすべて売り払って「裸一貫」なのだから、債権者たちも、それ以上は取り立てようがないのだ。

「自社ビルを持つのは危険」は本当か

たとえば、銀行に借金をして自社ビルを建てたとする。

借金をして資産を得るときの鉄則は、「資産が生み出す収益」が「借金に対して支払う利息」を上回ることだ。

資産が生み出す収益とは、不動産の例でいえば賃料だ。

資産が株だったら配当である。

これらが借金の利息を上回っている間は、少なくとも銀行に、利息を支払うことができる。

ところが、ちょっとでも資産価値が下がると、雲行きが怪しくなってくる。

銀行は「貸付先の資産＝自分たちの取り分」と考えている。

もし資産の価値が下がり続けたら、銀行の取り分がどんどん減っていってしまうことになる。

資産価値が下がるということは、その資産が生み出す収益も下がるということだ。そのせいで、企業が借金の利息すら払えなくなったら、いよいよ銀行は「不動産を競売にかけましょう」などといいだす。

貸付先に資産を売却させ、自分たちの取り分を確保しようとするのだ。そのために、銀行は貸金の担保としてその不動産をとっているわけだ。

ただし、今の例は、全額借金をして自社ビルを買うと、その価値が下がったときに厄介だという話だ。

気の早い人は、「やっぱり自社ビルを持つのは危険なんだ」と思ってしまいそうだが、ここでもBSを思い浮かべながら、考えてみてほしい。

同じ自社ビルでも、出資金や自分で稼いだお金で買うのなら、まったく問題ない。たとえば図版10のように、資産の構成が、「現預金　4億円」から「現預金　1000万円」「建物及び構築物　4000万円」「土地　3億5000万円」という具合に変わるだけだ。

これは「現預金のまま持っていても、収益は微々たるものだから、不動産に投資した」というのと同じことだ。

不動産から得る収益によって、PLの「営業外収益」が利益に上乗せされ、結果的に、純資産は増えることになる。

そう聞いて「自社ビルを持つのは危険」なんていう人はいないだろう。

無借金といわずとも、不動産価格の3分の1程度は自己資本を準備し、残りの3分の2程度を銀行から借りる、というのでもかまわない。

その場合、仮に資産価格が3分の2まで下がっても、銀行は自分たちの取り分を確保できると考える。

仮に、1億3000万円の資本を投入し、2億6000万円を銀行から借りて自社ビルを建てた場合、土地と建物を合わせて2億6000万円以下にならない限りは、銀行から文句をいわれる心配はないということだ。

BSで考えれば、欲しい資産を得る「お金の出どころ」のうち、いくらを「借入

［図版10］ ノーリスクな自社ビルの買い方

資産	負債と資本
現預金　4億円	資本金　3億6000万円 利益剰余金　4000万円

↓

無借金で自社ビルを買うと……

↓

資産	負債と資本
現預金　1000万円	資本金　3億6000万円 利益剰余金　4000万円
建物及び構築物　4000万円	
土地　3億5000万円	

↓↓

資産の構成が変わるだけ

金」にして、いくらを「資本」にするか、という発想もできる。

資本から出す額が大きいほど、当然、リスクは低くなる。

会計的に考えて、どれくらいのリスクをとるのかも検討せず、大きな買い物をするのは、非常に危険なのである。

これは、住宅ローンを組むときにも当てはまる。

「頭金ゼロでマイホーム」といった謳い文句を、よく見かけないだろうか。

ここで「最初にドカンと払えないから、価格を30年（360ヶ月）で割り算して、月々少しずつ払っていくというのは魅力的」なんて思った人は危ない。

先ほどの自社ビルの例と同様、資産価値がちょっとでも下がったら、せっかく手に入れようとしていたマイホームを失いかねない。

加えて、「頭金ゼロ」に魅力を感じる人は、**「借金には必ず利息がかかる」**ということを見過ごしてはいないか。「頭金ゼロ」とは、土地と建物の全額の債務と、それに対する利息を背負うということだ。

試しに、頭金を出した場合と、「頭金ゼロ」で全額ローンを組む場合とで、支払う合計額を計算してみるといい。頭金を出した分だけ、利息がかかる額は低くなるのだから、頭金を出したほうが最終的に支払う合計額は低くなる。

世の中に、うまい話はない。

いくら「今が買いどき」といわれようと、今、まとまったお金がないのなら、数年かけて頭金を貯めてから買ったほうが安心だ。

それを数字で確認するのが会計思考だ。

BSを見れば生き方まで見えてくる

今まで説明してきたように、**BSは個人や企業の資産状況を克明に表す。**
そして**資産状況は、その人や企業の生き方、あり方を表す**ともいえる。

たとえば、一般的な「独身・会社員」の場合は、負債はゼロで資産もほとんどない、というBSになるケースが多いだろう。

おそらく給料から生活費を引いた額が右側の「純資産の部」に入り、左側は「現預金」だけ、といったところだ。

きれいといえばきれいだが、まったく資産がないというのは、ちょっとつまらない生き方ともいえるかもしれない。

これが、現預金の一部を株式投資に回したとしたら、左側に「有価証券」が加わる。

もちろん、株は、前にも触れたように「ハイリスク・ハイリターン」の資産だ。銀行預金なら、絶対にお金が減ることはないのに比べて、株は損をする可能性もある。

それでも「もう少しだけお金持ちになりたいから、投資を始めてみた」というふうに、ちょっと攻めの姿勢になったという感じだ。

家庭のある人だったら、右側に「長期借入金」、左側に「土地」「建物及び構築物」が入ることもあるだろう。

ローンを組んで家を買ったということだ。

長い年月をかけてローンを返し、ゆくゆくは子どもに家を残す——そんな人生設計もあるかもしれない（もちろん、前項で話したように、頭金ができてから買ったほうが安心だ）。

ちなみに、当然の話だが、銀行は返済が見込めなければ、お金を貸してくれない。

「長期借入」ができるということは、担保にできるような物的資産、もしくは借金を保証してくれる人的資産（つまり連帯保証人）がある証《あかし》である。

では、企業のBSはどうか。

個人とは違い、決まって「長期借入金」「株主資本」があるものだ。

そして、借りたお金や、出資してもらったお金を、たいていは精力的に投資して、資産形成をする。

とくに借金は返さなくてはならないから、がめついくらいに「固定資産」を持って、利息や配当を受け取っていく必要がある。

会社を存続、発展させるために、銀行預金なんかより、ずっと高い収益が見込める土地や株に資金を投じ、資産の拡大を目指すのだ。

さらには事業でもがんばって「利益剰余金」を積み上げなければ、借金に押しつぶされる危険がある。

たくさん「長期借入金」や「株主資本」があり、たくさん「固定資産」があるほど、バリバリ事業をしている、というイメージだ。

稀なケースだが、事業や投資がおもしろいほどうまくいって、借金をすべて返済してしまったという、最強の「無借金経営」をしている企業もある。

前に、借金の利息の支払いはＰＬに乗ると説明したが、元本の返済はＰＬにには乗らない。元本を返済するたびに、ＢＳの「借入金」が減っていくだけである。

すべて返済してしまって、負債から「借入金」が消えるというのは、経営者にとって、かなり安心できるものだ。

投資で莫大な損失が出るとか、事業で大失敗して利益がガタ落ちになるとか、そういう事態にならない限りは、安泰である。

ＢＳに書いてあるのは、会計用語と数字だけだ。

だが、そんな一見ドライな文字と数字の羅列からは、人生観や経営観といった血の通った人間の姿も垣間見られるのである。

「数字を読む」クセをつける

「有価証券報告書」には、その企業の決算書（ＢＳとＰＬ）のほか、株の発行数や大株主の情報、ＰＬの純利益の内訳なども載っている。

会計用語と数字だけでなく、財務状況を説明する文章も多い。

もともと文系の人などは、文章のほうを読みたくなるかもしれない。

補足や確認として読む分にはかまわないが、時間がかかる割に、概況しかわからない。それに、半期なら数十ページだが、年度末の有価証券報告書だと、１００ページ以上になることも珍しくない。

もっとも手っ取り早く的確なのは、やはり、数字を読むことだ。

せっかく最低限の会計の知識を入れてきたのだから、まずＢＳとＰＬを読んでみてほしい。

実際に読んでみたら、本書で見てきた言葉ばかりで（当たり前だ）、きっと決算書を読めることに快感を覚えるだろう。

私も、新人時代に税務署に配属されていたころや、金融検査官として銀行の貸付を査定していたころには、膨大な決算書を読んだものだ。

銀行が、経営が危うい企業に貸付をしていたら、その企業が債務超過で倒産になると、当然のことながら銀行の貸金も毀損する。

それによって、銀行まで倒産の危機にさらされかねない。

そうなっては、銀行にお金を預けている国民が困るから、定期的に銀行の融資先の財務状況を査定する必要がある。

それが金融検査官の仕事だ。

以前にも書いたが決算書を「読む」場合には、ＢＳを見て、ＰＬという順番になる。作成時とは順序が逆になる。

何年分にも渡るＢＳを並べて読んでいき、変化を見る。

すると、「純利益」がポンと上がっている年が見つかったりする。

その根拠は何かということで、今度は同じ期間のPLを読んでいくと、BSの純利益が上がった年に、PLの経常利益もポンと上がっていたりする。

「なるほど、この年は事業がうまくいって、利益がたくさん出たんだな」「だからこの年の純利益も上がっているんだな」というわけだ。

こんなふうにBSとPLの整合性を確認できれば、その企業への貸付は問題なし、と太鼓判を押せるのだ。私は、金融検査官時代に、5年連続でBSを見るようにしていた。

金融庁の「エディネット」でも、過去の有価証券報告書を見られる。

5年分くらい読むと財務状況がよくわかるのだが、時間がなければ、そこまでしなくてもいいだろう。

BSにもPLにも、前期の数字が並記されている。前年と比べて、今年がどうなっているか。それが読み取れれば、まずは上出来だ。

BSとPLで、だいたいの財務状況をつかんだら、次はセグメント情報を読んでみると、さらにその企業の実態がわかる。

前にも少し触れたが、**セグメント情報とは、その企業の事業の「内訳」だ。どの事業で、どれくらいの売上と利益が出たのかが一目瞭然**になっている。

これも前期と当期が並んでいるから、やはり、この1年間での変化を見ることができる。ここだけは、最低限おさえておいたほうがいい。

単に「この科目の数字が大きいな」ではダメ

有価証券報告書を読みこなすテクニックとして、1つ、練習してほしいことがある。

BSやPLに乗っている数字は、億単位、兆単位だ。

1の位まで書くと、非常に読みづらい。そこでキリのいい位以下が切り捨てられている。

どこで切り捨てられているかは、必ず表のトップに書かれている。

たとえば（100万円）とあったら、100万円以下が切り捨てられている。

表中の数字の最後の位が、「○百万円」になるということだ。

金融や経理の仕事をしている人でもない限り、スッと読める人はおそらくいないと思う。財務省の職員や政治家でも、覚束ない人が多いくらいだ。

だから読めなくても恥ずかしいことではないが、ここで読めるようになっておきたい。

自分自身が、そんな額のお金に実際に触れることは、たぶん生涯、ないだろう。だが、こういうお金の表記法に慣れていることも、社会人リテラシーの1つといえるのだ。

（100万円）は、（1000円）の場合もあれば、（10億円）の場合もある。数字のコンマはゼロ3つごとに振っていくから、次のように、1000円、100万円、10億円のコンマ以下を切り捨てて表記するというわけだ。

・（1000円）の場合、「123，456」は「1億2，345万6，000円」
・（100万円）の場合、「123，456」は「1，234億5，600万円」
・（10億円）の場合、「123，456」は「123兆4，560億円」

BSやPLの数字が、どの単位で書かれているのか。瑣末なようだが、まずそこを確認することもポイントである。

単に「この科目の数字が大きいな」では、数字を読めたことにならない。

教室で先生に指されて、教科書を音読できなければ、日本語を読めたことにならない。それと同じだ。

「この項目の数字が大きいな、約３０００億円もある」などと読めて初めて、本当に「数字を読めた」ことになるのだ。

「企業を丸裸にする」有価証券報告書

では実際に、2社ほど、本物の有価証券報告書を読んでみよう。

1つは株式会社フジ・メディア・ホールディングスだ。

決算書を読む前に、企業の基本情報にざっと目を通しておく。

決算書を読んでからでもいいのだが、おそらく初心者は文字的な情報から見ていったほうが、とっつきやすいだろう。

有価証券報告書は、四半期ごと、つまり3ヶ月に1度、提出される。

年間のものは100ページに上るが、次に見ていくような基本情報は、年間のものにしか載っていない。

といっても、100ページすべてを読むわけではないから、恐れずに、年間のものを閲覧してほしい。

まず、「事業の内容」(図版11)を見ると、「フジテレビ」として知られた「放送事業」以下、「制作事業」「映像音楽事業」……と、事業のセグメントがズラリと並んでいる。

なかには「都市開発事業」として「ビル賃貸」「不動産取引」「ホテルリゾート」なんていうのも含まれており、意外と手広く商売をしていることがわかる。

これで、行っている事業の全体像が、だいたいイメージできる。

「大株主の状況」(図版12)の項目も重要だ。

ここから、誰が一番、お金を出資しているか、すなわち誰がこの会社に対して権力を握っているかが読み取れる。

前に、**「財務書類で『金と権力の関係』がわかる」といったのは、有価証券報告書に大株主が明記されているから**なのだ。

ちなみに、いくつか「信託銀行」というのがあるが、これは実質的な株主が背後にいるが、形式的な大株主だ。

社員持株が信託に入っていると、おのずと信託の持株数は多くなる。だから大株主

[図版11-②]

セグメント	主要な会社
・都市開発事業 ビル賃貸、不動産取引、ホテルリゾート等	㈱グランビスタホテル&リゾート 合同会社グランビスタホールディングスを営業者とする匿名組合 合同会社甲子園開発を営業者とする匿名組合 ㈱サンケイ会館 ㈱サンケイビル ㈱サンケイビルウェルケア ㈱サンケイビルテクノ ㈱サンケイビルマネジメント SKB USA, LLC
・その他事業 出版、人材派遣、動産リース、ソフトウェア開発等	㈱ニッポン放送プロジェクト ㈱フジキャリアデザイン ㈱フジゲームス ㈱フジミック ㈱扶桑社 FUJISANKEI COMMUNICATIONS INTERNATIONAL, INC. ※伊藤忠・フジ・パートナーズ㈱ ※㈱産業経済新聞社 ※㈱フジランド

（注）※印は持分法適用関連会社であります。

[図版11-①] 株式会社フジ・メディア・ホールディングスの「事業の内容」

EDINET提出書類
株式会社フジ・メディア・ホールディングス(E04462)
有価証券報告書

3 【事業の内容】

当社グループは、㈱フジ・メディア・ホールディングス（当社）を認定放送持株会社として、子会社107社と関連会社50社で構成され、主として放送法に定める基幹放送事業、放送番組の企画制作・技術・中継事業、映像音楽事業、通信販売・新聞発行等の生活情報事業、広告事業、ビル賃貸・不動産取引・ホテルリゾート等の都市開発事業などを営んでおります。

なお、当社は特定上場会社等に該当し、インサイダー取引規制の重要事実の軽微基準のうち、上場会社の規模との対比で定められる数値基準については連結ベースの計数に基づいて判断することとなります。

各セグメントに属する主要な会社及び事業系統図は、次の通りであります。

セグメント	主要な会社
・放送事業 テレビ放送事業、ラジオ放送事業	㈱フジテレビジョン ㈱仙台放送 ㈱ニッポン放送 ㈱ビーエスフジ ※秋田テレビ㈱ ※㈱岩手めんこいテレビ ※岡山放送㈱ ※沖縄テレビ放送㈱ ※関西テレビ放送㈱ ※㈱スペースシャワーネットワーク ※㈱テレビ新広島 ※㈱長野放送 ※㈱新潟総合テレビ ※日本映画放送㈱ ※福島テレビ㈱ ※北海道文化放送㈱ ※㈱ＷＯＷＯＷ
・制作事業 放送番組の企画制作・技術・中継等	㈱共同エディット ㈱共同テレビジョン ㈱バスク ㈱バンエイト ㈱フジアール ㈱フジクリエイティブコーポレーション ㈱フジ・メディア・テクノロジー ㈱ベイシス ㈱ＮＥＸＴＥＰ
・映像音楽事業 オーディオ・ビデオソフト等の製造販売、音楽著作権管理等	エグジットチューンズ㈱ ㈱シンコーミュージック・パブリッシャーズ ㈱フジパシフィックミュージック 任意組合フジ・ミュージックパートナーズ ㈱ポニーキャニオン ㈱ポニーキャニオンエンタープライズ ARC/CONRAD MUSIC, LLC ARC MUSIC, INC. FUJI MUSIC GROUP, INC. ※メモリーテック・ホールディングス㈱
・生活情報事業 通信販売、新聞発行等	㈱サンケイリビング新聞社 ㈱ディノス・セシール ㈱ディノス・セシールコミュニケーションズ ㈱リビングプロシード
・広告事業 広告等	㈱クオラス

6/111

といっても、信託銀行が、実質的に株を持っているわけではない。信託銀行の顧客から信託されて株式を持っているのだ。

したがって、実質的な出資者は、東宝株式会社、株式会社文化放送、株式会社NTTドコモ、関西テレビ放送株式会社、株式会社ヤクルト本社、ということになる。


「従業員の状況」（図版13）を見てもおもしろい。セグメントごとの従業員数のほか、従業員の平均年収も、ここに明記されている。

フジ・メディア・ホールディングスの場合、従業員の平均年収は、約1500万円（ここで早速、大きな数字を声に出して読む練習だ）だ。正社員の平均とはいえ、「かなりの高給取りなんだな」と思っただろう。


もう1つ興味深いのは、「役員の状況」だ。

これはエディネットで実際に見てほしいのだが、フジ・メディア・ホールディングスの役員はほぼ男性で、同社の生え抜き率もかなり高い。

それぞれの自社の株保有数も、明記されている。

[図版12] 株式会社フジ・メディア・ホールディングスの「大株主の状況」

EDINET提出書類
株式会社フジ・メディア・ホールディングス(E04462)
有価証券報告書

(6) 【所有者別状況】

平成29年3月31日現在

区分	株式の状況(1単元の株式数100株)								単元未満株式の状況(株)
	政府及び地方公共団体	金融機関	金融商品取引業者	その他の法人	外国法人等		個人その他	計	
					個人以外	個人			
株主数(人)	—	77	35	391	282	111	49,552	50,448	—
所有株式数(単元)	—	547,780	75,787	718,043	467,434	941	554,243	2,364,228	7,000
所有株式数の割合(%)	—	23.2	3.2	30.4	19.8	0.0	23.4	100.0	—

(注) 1 「その他の法人」の欄には、証券保管振替機構名義の株式が402単元含まれております。
2 自己株式2,235,253株は、「個人その他」に22,352単元含まれております。なお、期末日現在の実質的な所有株式数は2,235,253株であります。
3 「個人その他」の欄の「所有株式数」及び「所有株式数の割合」には、放送法に基づき名義書換を拒否した株式(外国人持株調整株式)243,432単元が含まれております。

(7) 【大株主の状況】

平成29年3月31日現在

氏名又は名称	住所	所有株式数(株)	発行済株式総数に対する所有株式数の割合(%)
東宝㈱	東京都千代田区有楽町1丁目2番2号	18,572,100	7.86
日本トラスティ・サービス信託銀行㈱(信託口)	東京都中央区晴海1丁目8番11号	12,313,800	5.21
日本マスタートラスト信託銀行㈱(信託口)	東京都港区浜松町2丁目11番3号	8,527,700	3.61
㈱文化放送	東京都港区浜松町1丁目31番	7,792,000	3.30
㈱NTTドコモ	東京都千代田区永田町2丁目11番1号	7,700,000	3.26
関西テレビ放送㈱	大阪府大阪市北区扇町2丁目1番7号	6,146,100	2.60
日本トラスティ・サービス信託銀行㈱(信託口9)	東京都中央区晴海1丁目8番11号	4,685,700	1.98
日本マスタートラスト信託銀行㈱(退職給付信託口・㈱電通口)	東京都港区浜松町2丁目11番3号	4,650,000	1.97
ステート ストリート バンク アンド トラスト カンパニー 505001(常任代理人 ㈱みずほ銀行決済営業部)	P.O. BOX 351 BOSTON MASSACHUSETTS 02101 U.S.A. (東京都港区港南2丁目15番1号)	3,978,000	1.68
㈱ヤクルト本社	東京都港区東新橋1丁目1番19号	3,969,000	1.68
計	—	78,334,400	33.13

(注) 当社が、放送法に基づき名義書換を拒否した株式(外国人持株調整株式)は24,343,200株であります。

28/111

最後の「従業員の状況」と「役員の状況」は、会計とは直接的には関係ない。だが、たとえば、いくつかの企業で、これらの情報を比較するだけでも、大学生のレポートくらいなら書けそうである。

有価証券報告書は、誰の何のバイアスもかかっていない一次資料だから、自然とクオリティの高いレポートになるはずだ。

このように、有価証券報告書とは、会計的な情報のほかにも、企業を素っ裸にして見ることができる情報が満載なのである。

[図版13] 株式会社フジ・メディア・ホールディングスの「従業員の状況」

EDINET提出書類
株式会社フジ・メディア・ホールディングス(E04462)
有価証券報告書

5 【従業員の状況】

(1) 連結会社の状況

平成29年3月31日現在

セグメントの名称	従業員数(名)
放送事業	1,686 (85)
制作事業	1,461 (58)
映像音楽事業	546 (33)
生活情報事業	1,352 (1,796)
広告事業	355 (4)
都市開発事業	2,066 (633)
その他事業	545 (996)
全社（共通）	38
合計	8,049 (3,605)

(注) 1 従業員数は、当社グループから当社グループ外への出向者を除き、当社グループ外から当社グループへの出向者を含む就業人員であります。
2 従業員数の(外書)は、臨時従業員の年間平均雇用人員であります。

(2) 提出会社の状況

平成29年3月31日現在

従業員数(名)	平均年齢(歳)	平均勤続年数(年)	平均年間給与(千円)
38	46.1	15.6	14,854

(注) 1 従業員数は、㈱フジテレビジョンから当社への出向者（出向者のうち主に当社で就業する者に限る。）を含む就業人員であります。
2 平均年間給与は、賞与及び基準外賃金を含んでおります。
3 持株会社である提出会社の従業員数はいずれのセグメントにも区分されないため、「(1)連結会社の状況」の「全社（共通）」に記載しております。

(3) 労働組合の状況

労使関係については、特に記載すべき事項はありません。

11/111

ＢＳから企業の財務状況を探ってみよう

前項で挙げたような企業情報を見たら、いよいよ決算書を見ていこう。

ＢＳにもＰＬにも「連結」とあるのは、子会社もすべて含めた決算書ということだ。

では、まず「平成29年3月31日」のＢＳ（図版14）の「資産合計」を見てみよう。

次に、どんな資産を多く持っているのかを見ていく。

左側を見ると、一番大きいのは「建物及び構築物」、「土地」、「投資有価証券」だ。

企業が不動産や投資有価証券を持っているのは、普通のことだ。自社ビルを持っている場合もあるし、「営業外収益」を得るために、株を持っている場合もあるだろう。

だが、その割合が際立って多いとなると、見方が変わってくる。

ここでも大きな数字を読む練習だ。

[図版14] 株式会社フジ・メディア・ホールディングスのBS

1 【連結財務諸表等】

(1) 【連結財務諸表】

① 【連結貸借対照表】

(単位：百万円)

	前連結会計年度 (平成28年３月31日)	当連結会計年度 (平成29年３月31日)
資産の部		
流動資産		
現金及び預金	※3 50,544	※3 64,081
受取手形及び売掛金	119,588	112,698
有価証券	95,364	98,755
たな卸資産	※6 79,842	※6 78,628
繰延税金資産	5,645	6,160
その他	35,817	32,568
貸倒引当金	△791	△759
流動資産合計	386,011	392,133
固定資産		
有形固定資産		
建物及び構築物（純額）	※3,4 134,666	※3,4 134,929
機械装置及び運搬具（純額）	※4 11,336	※4 10,652
土地	※3,5 231,080	※3,5 237,962
建設仮勘定	3,652	9,980
その他（純額）	※4 8,919	※4 9,131
有形固定資産合計	※1 389,655	※1 402,656
無形固定資産		
のれん	1,608	1,433
借地権	16,628	16,806
ソフトウエア	※4 8,552	※4 7,778
その他	7,696	6,861
無形固定資産合計	34,485	32,881
投資その他の資産		
投資有価証券	※2,3 279,764	※2,3 313,675
退職給付に係る資産	73	83
繰延税金資産	17,582	16,398
その他	30,598	28,848
貸倒引当金	△1,874	△1,560
投資その他の資産合計	326,145	357,445
固定資産合計	750,286	792,983
繰延資産	108	82
資産合計	1,136,406	1,185,199

それぞれ、図版14のＢＳ「資産の部」を見ながら、声に出して読んでみよう。

数字は読めただろうか。答えは次のとおりだ。

・資産合計――１兆１８５1億９９００万円
・建物及び構築物――１３４9億２９００万円
・土地――２３７9億６２００万円
・投資有価証券――３１３6億７５００万円

今、読んだ数字から、フジ・メディア・ホールディングスという会社には資産が１兆円ほどあり、そのうち、建物と土地を合わせた不動産が３７００億円近く、投資有価証券が３０００億円強であることがわかる。

フジテレビといえば、世間的には放送業である。

それなら、資産は、放送業で使う土地と施設くらいのものになるはずだ。

それが、**1兆円の資産のうち3割強を不動産が、さらには3割弱を投資有価証券が占めている。**

そんな額の不動産となると、放送業で使う土地と施設だけではないはずだ。「いわゆる**『フジテレビ』の実態は、不動産などの投資会社**なのか」と考えられるわけだ。

しかも、前期と比べてみると、「建物及び構築物」も「土地」も「投資有価証券」も増えている。

投資有価証券に至っては、約３４０億円もの増加だ。前期より盛んに投資をしていることが見て取れる。

では、そんな資産を得る「お金の出どころ」は何か、ということで、今度は「負債の部」と「純資産の部」（図版15）を見てみる。

これから挙げる勘定科目の数字も、ぜひ声に出して読んでみてほしい。

「負債合計」は、前期より増えている。

「社債」「長期借入金」がともに増えていることから、借金が増えていることがわかる。

だが、それは問題ではない。

前にBSは「ネット」で見ることが重要だと話したはずだ。

そこで「純資産合計」を見てみると、前期より増えている。

これらの数字から読み取れるのは、要するに、**「フジ・メディア・ホールディングスという会社は経営がうまくいっており、ストックが豊か」**ということだ。

[図版15] 株式会社フジ・メディア・ホールディングスのBS

EDINET提出書類
株式会社フジ・メディア・ホールディングス(E04462)
有価証券報告書

(単位：百万円)

	前連結会計年度 (平成28年３月31日)	当連結会計年度 (平成29年３月31日)
負債の部		
流動負債		
支払手形及び買掛金	57,943	56,629
短期借入金	31,304	29,497
未払法人税等	3,355	5,167
返品調整引当金	844	761
役員賞与引当金	337	335
ポイント引当金	800	663
環境対策引当金	13	17
事業構造再構築費用引当金	27	—
その他	105,156	79,261
流動負債合計	199,783	172,333
固定負債		
社債	10,000	20,000
長期借入金	120,983	140,161
繰延税金負債	60,431	67,825
再評価に係る繰延税金負債	※5 12,554	※5 12,554
役員退職慰労引当金	1,854	2,029
利息返還損失引当金	0	—
環境対策引当金	66	70
建替関連損失引当金	302	326
事業構造再構築費用引当金	13	—
退職給付に係る負債	69,787	66,399
負ののれん	5,247	4,668
その他	16,998	16,767
固定負債合計	298,239	330,803
負債合計	498,023	503,136
純資産の部		
株主資本		
資本金	146,200	146,200
資本剰余金	173,673	173,673
利益剰余金	272,716	290,788
自己株式	△9,816	△10,248
株主資本合計	582,773	600,413
その他の包括利益累計額		
その他有価証券評価差額金	61,937	78,202
繰延ヘッジ損益	△732	△325
土地再評価差額金	※5 1,509	※5 1,466
為替換算調整勘定	654	46
退職給付に係る調整累計額	△16,357	△11,958
その他の包括利益累計額合計	47,011	67,430
非支配株主持分	8,598	14,219
純資産合計	638,383	682,062
負債純資産合計	1,136,406	1,185,199

52/111

見逃してはいけない「セグメント情報」

次に、フローを見てみよう。

PL（図版16）を見ると、事業全体の「売上高」も「当期純利益」も前期より増えている。

「この1年間、事業がうまくいって、去年より多くの利益が出た」ということだ。

これを踏まえて、ぜひ見ておきたいのが、**フローを分解した「セグメント情報」**（図版17）だ。

セグメント情報は、有価証券報告書ならではの項目だ。

ここでPLの「売上」及び「利益」が、いったい何の事業によって生じたものなのかを読んでみよう。

[図版16] 株式会社フジ・メディア・ホールディングスのPL

②【連結損益計算書及び連結包括利益計算書】

【連結損益計算書】

(単位：百万円)

	前連結会計年度 (自 平成27年4月1日 至 平成28年3月31日)	当連結会計年度 (自 平成28年4月1日 至 平成29年3月31日)
売上高	640,572	653,976
売上原価	439,217	457,509
売上総利益	201,354	196,467
販売費及び一般管理費	※1,2 176,960	※1,2 174,147
営業利益	24,394	22,319
営業外収益		
受取利息	339	221
受取配当金	2,255	2,452
持分法による投資利益	4,786	4,317
負ののれん償却額	578	578
投資事業組合運用益	1,152	615
その他	1,828	2,361
営業外収益合計	10,941	10,547
営業外費用		
支払利息	1,679	1,447
投資事業組合運用損	466	279
その他	789	759
営業外費用合計	2,935	2,486
経常利益	32,400	30,380
特別利益		
固定資産売却益	※3 1	※3 1,179
負ののれん発生益	—	4,253
その他	407	294
特別利益合計	408	5,728
特別損失		
減損損失	※4 825	※4 949
建替関連損失	229	463
段階取得に係る差損	—	1,296
その他	1,596	567
特別損失合計	2,652	3,276
税金等調整前当期純利益	30,157	32,831
法人税、住民税及び事業税	6,810	6,615
法人税等調整額	280	△1,543
法人税等合計	7,091	5,071
当期純利益	23,066	27,759
非支配株主に帰属する当期純利益	230	363
親会社株主に帰属する当期純利益	22,835	27,396

53/111

「報告セグメントの業績の状況」を見てみると、「放送事業」「制作事業」などが並び、たしかに放送業らしい事業だと思える。

しかし数字を見てみると、どうだろう。

放送事業から映像音楽事業まで、テレビ放送と、それに関連するような事業は、軒並み前期より「売上高」が下がっている。

「セグメント利益」に目を移しても、やはりすべて前期より下がっている。

事業のなかで、売上も利益も規模が大きく、いずれも前期より伸びているのは、「都市開発事業」だけだ。

また、放送事業は、売上高こそ大きいが、対する利益が低い。費用がたくさんかかるからだろう。

単純にセグメントごとの利益を比べてみれば、都市開発事業が、もっとも多く利益をあげていることもわかる。

［図版17］ 株式会社フジ・メディア・ホールディングスの「報告セグメントの状況」

EDINET提出書類
株式会社フジ・メディア・ホールディングス(E04462)
有価証券報告書

第２ 【事業の状況】

1 【業績等の概要】

(1) 業績

当連結会計年度のわが国の経済は「一部に改善の遅れもみられるが、緩やかな回復基調が続いている。先行きについては、雇用・所得環境の改善が続くなかで、各種政策の効果もあって、緩やかに回復していくことが期待される。ただし、海外経済の不確実性や金融資本市場の変動の影響に留意する必要がある。」と内閣府の月例経済報告に記されており、企業の業況判断は「緩やかに改善している。」とされています。

こうした状況の中、当社グループの当連結会計年度の売上高は、放送事業、制作事業、映像音楽事業、生活情報事業が減収となりましたが、広告事業、都市開発事業、その他事業が増収となり、全体では前年同期比2.1％増収の6,539億76百万円となりました。

営業利益は、広告事業、都市開発事業が増益となりましたが、放送事業、制作事業、映像音楽事業、生活情報事業、その他事業が減益となり、前年同期比8.5％減益の223億19百万円、経常利益は前年同期比6.2％減益の303億80百万円となりました。親会社株主に帰属する当期純利益は㈱仙台放送の連結子会社化による負ののれん発生益を特別利益に計上したことなどが加味されて、前年同期比20.0％増益の273億96百万円となりました。

報告セグメントの業績の状況は以下の通りです。

	売上高			セグメント利益		
	前連結会計年度(百万円)	当連結会計年度(百万円)	増減(％)	前連結会計年度(百万円)	当連結会計年度(百万円)	増減(％)
放送事業	318,980	312,721	△2.0	8,073	6,830	△15.4
制作事業	50,834	49,292	△3.0	2,093	1,819	△13.1
映像音楽事業	50,104	48,071	△4.1	2,365	1,071	△54.7
生活情報事業	135,556	130,694	△3.6	1,223	952	△22.1
広告事業	42,797	45,476	6.3	361	384	6.6
都市開発事業	82,668	102,501	24.0	9,441	10,968	16.2
その他事業	26,066	29,221	12.1	541	245	△54.7
調整額	△66,436	△64,003	—	294	47	—
合　計	640,572	653,976	2.1	24,394	22,319	△8.5

(放送事業)

㈱フジテレビジョンの放送事業収入の核となる放送収入については、上期は大型スポーツ番組が貢献したもののレギュラー番組の視聴率が伸び悩んだことなどにより、売上を伸ばすことができませんでした。下期も10月改編による新番組の視聴率が苦戦して、放送収入は2,014億98百万円で前年同期比5.7％の減収となりました。

全国放送を対象とするネットタイムセールスでは、単発番組においては５月から６月にかけて放送された「2016リオデジャネイロオリンピック バレーボール世界最終予選」、８月の「リオデジャネイロオリンピック2016」関連番組、12月の「全日本フィギュアスケート選手権2016」、３月の「世界フィギュアスケート選手権2017」などが売上に貢献したものの、苦戦が続くレギュラー番組の売上減を補うに至りませんでした。その結果、ネットタイムセールスの売上高は、876億35百万円で前年同期比7.6％の減収となりました。

関東地区への放送を対象とするローカルタイムセールスは、単発番組に支えられながらも、セールス区分の変更による売り枠の減少の影響により、売上高は130億37百万円で前年同期比6.9％の減収となりました。

スポットセールスについては、リオデジャネイロオリンピックの影響があった８月を除くと市況は概ね堅調に推移したものの、視聴率の低迷により売上を伸ばすことができずに、通期で前年を下回りました。

業種別では、「化粧品・トイレタリー」、「食品」が前年を上回りましたが、「情報・通信・放送」、「事務・精密・光学機器」、「アルコール飲料」などは前年を下回りました。その結果、スポットセールスの売上高は、1,008億26百万円で前年同期比3.8％の減収となりました。

放送事業収入のその他放送事業については、国内番組販売収入が前年に及ばなかったものの、埼玉西武ライオンズ戦の中継などにより加入者収入が大幅に伸びたＣＳ放送収入や海外番組販売収入が増収となったため、売上高は335億57百万円で前年同期比0.5％の増収でした。

12/111

テレビ業界は、全体的に低調といわれている。

だが、これでフジ・メディア・ホールディングスが「うまくいっている理由」がわかる。

PLの「売上高」と「当期純利益」を押し上げたのは、表向きの本業である放送事業などではなく、都市開発事業だったのだ。

参考までに、余裕があったらセグメント情報の下にある文章も読んでみるといい。

放送事業では視聴率が低迷したことや、都市開発事業ではビル事業がうまくいったこと、土地や住宅の販売数が伸びたことなど、セグメントごとに売上や利益が増減した理由が書き連ねられている。

テレビ業界が苦しいなかでは、本業以外の事業にも手を広げ、多角経営をしなければ立ち行かない。

フジ・メディア・ホールディングスは、会社の存続、発展のために、賢い経営をしていると見ることもできるのだ。

さて、実際に有価証券報告書を読んでみて、どうだろう。

ちょっとだけ賢くなった気はしないだろうか。

今までにも、たびたび、

「会計は記述言語」

「わかるようになると、企業の財務状況がだいたいわかる」

「決算書が読めると、企業を見る目が変わる。投資判断をするときにも役立つ」


といってきた。

今、実物を読んでみたことで、その意味も、よくわかったのではないか。

「わかるところだけ、読んでいく」のが最大のコツ

有価証券報告書は、すべて同じフォーマットで書かれている。

1社のものが読めれば、上場企業のものはすべて読めるということだ。

見るべきポイントは、先のフジの例で、だいたい飲み込めたと思う。

BSやPL以外にも、たくさん数字の入った表が並んでいるが、最初からすべてを理解しようとしないほうがいい。

本書で得た知識をもって、「わかるところだけ、読んでいく」のが最大のコツである。

それだけでも、新聞を読むのがバカバカしくなってくるはずだ。

なぜなら、有価証券報告書をもとに、考察を深められる物事もたくさんあるからだ。

メディアの情報は、誰がどんなバイアスをかけて流したものか、わからない。

情報は、人の手を介するほど歪むものである。**アクセス可能なら、一次資料を当たったほうが正確**だ。知らないうちに他人のバイアスに影響される心配もない。有価証券報告書は、物事を考える際にも非常に役立つ一次資料なのだ。

では、もう1社だけ、実物の有価証券報告書を読んでみよう。

企業の財務状況の読み取り方は、前項で十分話した。ここでは有価証券報告書をもとに、ある事柄について考えてみた例を紹介する。

見ていくのは、株式会社朝日新聞社の有価証券報告書だ。

じつは新聞社には、「日刊新聞紙法」という法律によって、株式譲渡制限（取締役会の承認がなければ株を売れない制度）が設けられている。

そのため、大手新聞社は非上場になっているが、朝日新聞社は金融庁に有価証券報告書を提出している。

まず聞くが、**「電波オークション」**という言葉を知っているだろうか。

これは**電波の周波数帯の利用権を、競争入札にかける**ことだ。

もっと簡単にいえば、テレビ放送に新規参入できるようにすることである。日本では、フジテレビやテレビ朝日といった地上波のテレビ局が、CS放送でもBS放送でも、複数のチャンネルをもっている。

電波の権利のほとんどを、既存のテレビ局がとってしまっているのだ。

放送事業に新規参入ができないというのは、実は先進国の中では日本ぐらいしかない。というのは、日本以外の先進国では、電波は入札制になっており、誰でも入札に参加できるのが原則だからだ。

今は、ほんの数局だけで視聴率を競っている。

その枠が取り払われれば、本当の市場原理が働き自由競争が起こる。

もし電波オークションが実施されれば、テレビは、もっとおもしろくなるだろうし、質も高まるに違いない。

これが本質である。

一方で、電波オークションの導入は、新聞社も含めたマスコミを劇的に変化させるだろう。

マスコミ各社の経営にも当然、影響が出てくるはずだ。

では次項から、朝日新聞社の有価証券報告書を見ながら、この問題を考えてみよう。

新聞社が「借金が少なく、利益が大きい」理由

電波オークションは、もちろんテレビの話である。

それなのに、なぜ新聞社の話が出てくるのかというと、テレビ局と新聞社は密接につながっているからだ。

テレビ朝日は朝日新聞、フジテレビは産経新聞、日本テレビは読売新聞……というように、テレビ局が新聞社の傘下にあることは、誰もが知っているだろう。

朝日新聞社の平成29年3月31日のＢＳ（図版18）を見ると、「資産合計」は前期６０５２億２６００万円、当期６１１５億２００万円と増えている。

また、「資産」のなかでは「建物及び構築物（純額）」が１４０２億９９００万円、「投資有価証券」が１８９４億９６００万円というのが際立っている。

とくに、「投資有価証券」の資産に占める割合は約３割だ。上場企業の平均が約２

[図版18] 株式会社朝日新聞社のBS

1 【連結財務諸表等】

(1) 【連結財務諸表】

① 【連結貸借対照表】

(単位：百万円)

	前連結会計年度 (平成28年3月31日)	当連結会計年度 (平成29年3月31日)
資産の部		
流動資産		
現金及び預金	71,316	77,627
受取手形及び売掛金	29,004	27,379
リース投資資産	2,438	2,239
有価証券	44,800	16,400
商品及び製品	1,505	1,531
仕掛品	83	145
原材料及び貯蔵品	870	780
繰延税金資産	3,126	2,880
その他	14,278	15,216
貸倒引当金	△25	△42
流動資産合計	167,400	144,159
固定資産		
有形固定資産		
建物及び構築物	※2,※3 263,707	※2,※3 308,275
減価償却累計額	△165,849	△167,976
建物及び構築物（純額）	97,858	140,299
機械装置及び運搬具	※3 62,953	※3 63,567
減価償却累計額	△56,580	△57,007
機械装置及び運搬具（純額）	6,372	6,559
土地	※2 61,744	※2 59,266
建設仮勘定	27,513	9,498
その他	※3 15,240	※3 16,463
減価償却累計額	△12,886	△12,979
その他（純額）	2,353	3,484
有形固定資産合計	195,842	219,106
無形固定資産	10,758	9,091
投資その他の資産		
投資有価証券	※1 177,928	※1 189,496
長期貸付金	843	735
繰延税金資産	42,502	39,594
その他	10,248	9,667
貸倒引当金	△297	△349
投資その他の資産合計	231,225	239,144
固定資産合計	437,826	467,343
資産合計	605,226	611,502

割であることに比べると、けっこう大きいといえる。

そこで「有価証券明細表」を見ると、テレビ局がズラリと並んでいる。この表は長いから、本書には載せない。気になる人は、エディネットで「朝日新聞」を検索し、「平成28年4月1日―平成29年3月31日」の有価証券報告書を見るといい。


続いて「負債の部」（図版19）を見ると、なんと「借入金」がほとんどない。

借金をほとんどせずに、左側の資産がどうして成り立つのか、ということで「純資産の部」を見たら、驚いた。

「利益剰余金」が３０８０億９９００万円で、「資産（負債＋純資産）合計」の５割ほどを占めている。

上場企業の平均は２・５割くらいだから、かなり大きい。

つまり、**朝日新聞社は、たくさん儲けて、その利益で盛んに投資をしている**ということだ。

これには、新聞社に適用されている「優遇措置」も関わっている。

[図版19] 株式会社朝日新聞社のBS

EDINET提出書類
株式会社朝日新聞社(E00718)
有価証券報告書

(単位：百万円)

	前連結会計年度 (平成28年3月31日)	当連結会計年度 (平成29年3月31日)
負債の部		
流動負債		
支払手形及び買掛金	32,434	31,221
短期借入金	※2 1,540	※2 1,350
リース債務	969	894
未払費用	14,328	12,467
未払法人税等	743	1,518
返品調整引当金	588	511
役員賞与引当金	15	11
建替関連損失引当金	251	12
資産除去債務	43	14
その他	29,640	※4 24,039
流動負債合計	80,555	72,041
固定負債		
リース債務	1,547	1,404
繰延税金負債	222	224
役員退職慰労引当金	782	767
退職給付に係る負債	174,650	170,898
建替関連損失引当金	141	141
資産除去債務	2,098	2,126
長期預り保証金	25,260	26,882
その他	3,548	3,586
固定負債合計	208,251	206,031
負債合計	288,806	278,072
純資産の部		
株主資本		
資本金	650	650
資本剰余金	873	1,397
利益剰余金	299,086	308,099
自己株式	△6,777	△6,777
株主資本合計	293,831	303,370
その他の包括利益累計額		
その他有価証券評価差額金	32,683	37,692
繰延ヘッジ損益	462	389
為替換算調整勘定	△38	△53
退職給付に係る調整累計額	△20,733	△17,761
その他の包括利益累計額合計	12,374	20,265
非支配株主持分	10,213	9,793
純資産合計	316,419	333,429
負債純資産合計	605,226	611,502

34/99

１つは、小売店による値下げを禁止する「再販制度」だ。街中で新聞が安売りされているのを、見たことがないだろう。どこでも新聞社が設定した定価で売られているから、値下げによる利益圧迫が生じないのである。

もう１つは「軽減税率」だ。これは特定の商品については増税率を下げるというもので、新聞もその対象になっている。

軽減税率が適用されると、増税で購読者が減るリスクが抑えられるわけだ。

さらには、新聞社は国有地を安く払い下げてもらって、社屋を建てている。何十年も前の話だから、今の決算書には反映されないが、新聞社は複数の優遇措置によって、他業種に比べて「守られている存在」なのだ。

ＢＳに目を戻そう。

「負債」のなかで特徴的なのは、「退職給付に係る負債」だ。

要するに、退職した人に、退職金を支払うための負債である。

これが１７０８億９８００万円もあり、「固定負債合計　２０６０億３１００万円」のほとんどを占めている。

退職金は、在職中の給料に応じて額が決まる。退職金のための負債がこれだけ高いということは、つまり、高給取りの従業員がたくさんいるということだろう。

人件費が高いことは、PL(図版20)の「販売費及び一般管理費」の「売上総利益」に占める割合の高さからも、うかがわれる。「販売費及び一般管理費」の大部分は人件費なのだ。

またPLを見ると、「売上高」が減少している。

セグメント情報(図版21)では、本業の「メディア・コンテンツ事業」は急激に悪化している一方で、「不動産事業」は伸びており、本業の不振を補っていることがわかる。

[図版20]　株式会社朝日新聞社のPL

②【連結損益計算書及び連結包括利益計算書】

【連結損益計算書】

(単位：百万円)

	前連結会計年度 (自　平成27年4月1日 至　平成28年3月31日)	当連結会計年度 (自　平成28年4月1日 至　平成29年3月31日)
売上高	420,069	400,994
売上原価	※1 300,177	※1 288,590
売上総利益	119,892	112,403
販売費及び一般管理費	※2 107,803	※2 105,386
営業利益	12,088	7,017
営業外収益		
受取利息	155	77
受取配当金	1,163	1,296
受取手数料	312	343
持分法による投資利益	5,105	6,404
その他	463	555
営業外収益合計	7,200	8,677
営業外費用		
支払利息	43	40
寄付金	316	308
その他	122	121
営業外費用合計	482	470
経常利益	18,805	15,225
特別利益		
固定資産売却益	※3 267	※3 396
投資有価証券売却益	20	495
建替関連損失引当金戻入額	6	88
違約金収入	-	290
受取補償金	150	288
その他	15	108
特別利益合計	459	1,667
特別損失		
固定資産売却損	※4 46	※4 117
固定資産除却損	※5 600	※5 509
投資有価証券売却損	97	-
投資有価証券評価損	0	64
関係会社株式評価損	-	866
減損損失	※6 4,943	※6 513
土壌処理費用	28	-
建替関連損失引当金繰入額	250	-
早期割増退職金	2,254	3,014
その他	146	114
特別損失合計	8,367	5,200
税金等調整前当期純利益	10,897	11,691
法人税、住民税及び事業税	1,517	2,281
法人税等調整額	5,169	283
法人税等合計	6,686	2,565
当期純利益	4,211	9,126
非支配株主に帰属する当期純利益	265	279
親会社株主に帰属する当期純利益	3,945	8,846

[図版21] 株式会社朝日新聞社の「報告セグメントの状況」

EDINET提出書類
株式会社朝日新聞社(E00718)
有価証券報告書

3．報告セグメントごとの売上高、利益又は損失、資産その他の項目の金額に関する情報

前連結会計年度(自　平成27年4月1日　至　平成28年3月31日)

前期▷

(単位：百万円)

	報告セグメント			その他の事業(注)1	合計	調整額(注)2	連結財務諸表計上額(注)3
	メディア・コンテンツ事業	不動産事業	計				
売上高							
外部顧客への売上高	386,028	19,787	405,815	14,254	420,069	—	420,069
セグメント間の内部売上高又は振替高	190	4,496	4,686	2,650	7,337	△7,337	—
計	386,218	24,283	410,502	16,904	427,407	△7,337	420,069
セグメント利益	6,962	4,348	11,311	749	12,061	27	12,088
セグメント資産	356,549	128,860	485,409	12,740	498,150	107,076	605,226
その他の項目							
減価償却費	8,024	4,616	12,641	155	12,796	—	12,796
有形固定資産及び無形固定資産の増加額	3,113	23,520	26,634	165	26,799	—	26,799

(注) 1．「その他の事業」の区分は、報告セグメントに含まれていない事業セグメントであり、文化事業、人材ビジネス・保険代理業などを含んでいる。
2．調整額は以下のとおりである。
(1)セグメント利益の調整額27百万円は、主にセグメント間取引消去である。
(2)セグメント資産の調整額107,076百万円は、主に持分法適用会社に対する投資額である。
3．セグメント利益は、連結損益計算書の営業利益と調整を行っている。

当連結会計年度(自　平成28年4月1日　至　平成29年3月31日)

後期▷

(単位：百万円)

	報告セグメント			その他の事業(注)1	合計	調整額(注)2	連結財務諸表計上額(注)3
	メディア・コンテンツ事業	不動産事業	計				
売上高							
外部顧客への売上高	367,542	20,174	387,717	13,276	400,994	—	400,994
セグメント間の内部売上高又は振替高	161	4,484	4,646	2,316	6,962	△6,962	—
計	367,704	24,659	392,363	15,592	407,956	△6,962	400,994
セグメント利益	1,569	4,927	6,497	488	6,985	31	7,017
セグメント資産	331,509	153,586	485,095	12,408	497,504	113,997	611,502
その他の項目							
減価償却費	6,315	3,953	10,268	222	10,491	—	10,491
有形固定資産及び無形固定資産の増加額	4,358	30,656	35,015	477	35,492	—	35,492

(注) 1．「その他の事業」の区分は、報告セグメントに含まれていない事業セグメントであり、文化事業、人材ビジネス・保険代理業などを含んでいる。
2．調整額は以下のとおりである。
(1)セグメント利益の調整額31百万円は、主にセグメント間取引消去である。
(2)セグメント資産の調整額113,997 百万円は、主に持分法適用会社に対する投資額である。
3．セグメント利益は、連結損益計算書の営業利益と調整を行っている。

67/99

新聞社とテレビ局の「親子関係」から見えてくること

本業は芳《かんば》しくなく、実質的には不動産事業で食っている。

有価証券報告書で明らかになったように、これが朝日新聞社の本当の姿だ。

たしかに、新聞の購読者数は、急激に減ってきている。

セグメント情報を見れば、「朝日新聞社の本当の本業はマスコミではなく、不動産業ではないか」といってもいいくらいだ。

ここで、問題の電波オークションである。

もし導入されることになれば、朝日新聞社の経営にも大きく影響するだろう。

先ほど指摘した「有価証券明細表」から、朝日新聞社の退職者は、出資先のうち、いくつかのテレビ局に天下っていることも読み取れる。

前にもいった「お金＝権力」という話だ。

現に出資先の1つ、長崎放送株式会社の有価証券報告書を見ただけでも、「大株主」に朝日新聞社が名を連ねている。

朝日新聞社の出資先のうち、有価証券報告書を提出しているのは、長崎放送だけだった。だから、朝日新聞社が大株主になっていることがわかったのだが、同様のテレビ局は、ほかにもあるはずだ。

さらに、朝日新聞社の関連会社には、株式会社テレビ朝日ホールディングスがある。一般的には「テレビ朝日の親玉は朝日新聞」として知られている関係性だ（といっても、厳密にいえば子会社ではない）。

当然、朝日新聞社はテレビ朝日ホールディングスの「大株主」でもあり、やはりテレビ朝日ホールディングスは朝日新聞社の退職者の天下り先になっている。

だが、もし電波オークションが導入されたら、これらのテレビ局への天下りは、難しくなるだろう。

なぜなら、国に支払う「電波利用料」の高騰によって、放送事業費が一気に上がり、テレビ局は、さらに効率的な経営を迫られるからだ。

各テレビ局が支払っている電波利用料は、現在、地方局で数百万〜数千万円、キー局で数億円だ。

そこへ電波オークションが導入されたら、既存のテレビ局が支払うべき電波利用料は、今の10倍や100倍になってもおかしくない。

河野太郎氏が、以前、明らかにしていたところによると、テレビ朝日ホールディングスの現在の電波利用料は、約5億円だ。

「営業利益」が約70億円の朝日新聞社に、もし10倍や100倍にも跳ね上がった電波利用料の負担がのしかかったら、たちまち倒産に追い込まれるだろう。

加えて、テレビ局という天下り先を失ったら、朝日新聞社の「退職者給付に係る負債」は、さらに増える可能性が高い。負債が増えるのだから、これも当然、朝日新聞社の経営に響いてくる。

こう考えてくると、朝日新聞社は、当然、電波オークションには反対、ということになるのだろう。

電波オークションの導入を阻止しつつ、再販制度と軽減税率で何とか体力を維持し、これからも本業以外で食いつないでいく。そんな予想が成り立つ。

これは、朝日新聞社に限った話ではない。

新聞社とは、要するに究極の既得権益集団といえる。新聞の購買数が急激に減っていてもなお、利益体としては完璧なのだ。

つい先ほど、「予想」といったが、外れることはないだろう。

本来は、国有地売却に絡む森友学園問題を批判する立場でないのに、しっかり自分は本業以外の不動産業で食っていけるのは皮肉なものだ。

有価証券報告書にウソはありえない。

その確実な情報を出発点にしてこそ、こうした考察も可能になるのだ。

第4章

「国の決算書」を読んでみる

——会計の目で見れば
「政府も会社も同じ」

政府にもBSとPLがある

会計的に考えれば政府と経営者は、まったく同じといっていい。

経営者は企業を運営する。政府は国を運営する。

企業同様に、政府にもＢＳとＰＬがある。当たり前だ。


前章では2社の有価証券報告書を見たが、それがわかれば、政府のＢＳとＰＬも、だいたい読めるだろう。

政府の財務書類は、財務省のサイトでオープンになっている。

ただ、企業と政府とでは、勘定科目がちょっと違う。つまり、どんなことで資金を得て、どんな資産に変えているのかが、異なるということだ。

実際のＢＳは次項で見るとして、ここでは政府の財務書類の構成を平成27年度「国の財務書類」の概要より、大まかに説明しておこう。

まず、民間企業と同様、「負債」も「資産」もある。

しかし、民間企業とは違い「資本の部」に相当するものがない。

もし**私たちが、納税とは別に国にお金を出したいと考えたら、「出資」ではなく「貸付」ということになる。国債を買うということだ。**

したがって、政府BSの右側にあるのは、期日どおりに利息と元本を返済しなくてはならない借金だけである。

では、日本政府は、借金をしてどんな資産を得ているのか。

BSの「資産」のなかで大きいのは、「有価証券」だ。

ここで、また例の「金＝権力」の話が出てくる。政府が出資している民間企業は、すなわち、官僚の天下り先と考えていい。前に見た朝日新聞社とテレビ朝日ホールディングスの権力関係と、まったく同じ話である。

明細を見れば、どんな企業が天下り先になっているのかもわかる。

また、「資産」には「貸付金」も多い。借金で資金を得て、それを関係子会社などに貸し付け、やはり天下り先としているわけだ。

ただ、そう聞いて「けしからん」と考えるのは、ちょっと違う。

こうした「又貸し」は、実は民間企業間でも普通に行われている。

小さな会社ではなかなかお金を借りられないから、親会社が借りて、子会社に貸し付けるのだ。お金を貸すほうとしても、子会社より親会社に貸したほうが安心である。


ところで、借り手からすると、「利益が出たとき払いの配当」でいい出資金のほうが、借金よりありがたい。

民間企業が、出資金なしで経営しようとしたら大変だ。

そういう意味では、資金源が借金しかない政府は、厳しい道を歩んでいるといえる。


だが、代わりに政府には、民間企業にはない収入源がある。

全国民から徴収できる税金だ。**税金は政府の収入**である。


ここでPLに目を転じてみよう。

[図版22] 政府BSの概要

（単位：兆円）

資産の部		負債の部	
現金・預金	52.3	未払金等	11.8
有価証券	124.8	政府短期証券	86.4
未収金等	11.3	公債	917.5
前払費用	3.1	借入金	29.9
貸付金	116.2	預託金	5.6
運用寄託金	106.6	責任準備金	9.7
貸倒引当金	△1.9	公的年金預り金	115.9
有形固定資産	180.5	退職給付引当金等	8.0
無形固定資産	0.2	その他の負債	8.5
出資金	71.9	**負債合計**	**1,193.2**
その他の資産	7.5	**資産・負債差額の部**	
		資産・負債差額	**△520.8**
資産合計	672.4	負債及び資産・負債差額 合計	672.4

「税金」をはじめ、「出資」や「貸付」で得た配当や利息も、収入だからPLに乗る。

また、建設国債、特例国債を売って得た資金も、政府の収入だ。

これらの借金は、資産を得るためではなく「費用」として出て行くお金だからだ（もちろん借金には違いないから、BSの「負債」にも乗る）。


企業なら、「1年間の収益」から「1年間の費用」を引いた「当期純利益」が「利益剰余金」としてBSに乗っかるが、政府の場合はそれがない。

税金も配当も利息も、すべて使ってしまうからだ。それどころか、これらの収入だけでは足りない分を、国債を発行することでまかなっている。


企業のPLに相当するのは、予算書だ。

ただ、予算書は一般会計だけで1000ページ、特別会計も含めると2000ページにもなる（一般会計、特別会計についてはあとで説明する）。

これは在職の官僚ですら読みきれない分量だ。

政府の財務書類は、とりあえずBSが読めればいい。

「借金をするな」は「増税やむなし」と同じこと

よく「日本政府は、借金がたくさんあってけしからん」という人がいる。

しかし会計がわかっていれば、それが大きな勘違いであることもわかる。

ＢＳの右側のお金は、左側へと流れている、変化していると説明してきた。

この原理原則は、企業でも政府でもまったく同じだ。

借金をすべて「飲み食い」に消費してしまっては問題だが、政府の「負債」は、多くの場合「資産」に変わっているのである。

「飲み食いに使われる借金」というのは、単に出て行くだけで、収入を生まないお金、つまりＰＬの「費用」に使われる借金のことだ。

政府の場合は、税収ではまかないきれない支出を補うための、建設国債と特例国債である。

インフラの整備や建設など、「建設」に関わる費用をまかなう分を建設国債、それ以外を特例国債と呼ぶ。

ちなみに、**一般的に「赤字国債」と呼ばれるのは、特例国債のほう**だ。

国債には、もう1つ「財投債」と呼ばれるものもある。

財投債は、ＢＳ上で資産に変わる公債だ。飲み食いに消える借金ではなく、収益を生む借金だから、まったく問題はない。

これらを踏まえて、もし、日本政府が「無借金経営」を目指したらどうなるか、考えてみよう。

まず、税収でまかなえない分の建設国債と特例国債は、国家運営に必要な費用に使われるものだ。とくに「赤字」という字面から「悪いもの」というイメージがつきまとうが、これも必要経費のために発行されるものである。

そういう国債をいっさい発行しないとなると、政府の収入は税金だけになる。

それで足りないとなれば、増税するしかない。

では財投債はどうか。

もう理解していると思うが、財投債の発行により、政府は資産を得ている。

民間の企業ならば、借金以外に、事業で利益を出すとか、出資金を集めるといった「お金の出どころ」があるが、政府にはどちらもない。

つまり**借金だけが資産を得る「お金の出どころ」である。**

これでは、やはり国家運営は成り立たないから、ほかにお金の「出どころ」を作らなくてはいけない。

借金がダメというなら、やはり税収を増やそう、ということになるだろう。

増税によって右側を増やし、左側の資産を維持する。

しかも、すでに見たように、資産の多くは、天下り先の有価証券である。つまり、**国民の負担によって、「金と権力の関係」を維持する**ことになる。

費用を支払うのも資産を得るのも、税収だけが財源であり、足りなければ、好きなだけ増税してまかなう。「借金はけしからん、なくせ」といっている人は、こういう政府こそ素晴らしいといっているのと同じなのだ。

これに賛同できる人なんて、いるわけがない。

国の借金は、「あって当然のもの」「なくては国家運営が成り立たないもの」なのである。

つまり、国は個人ではなく企業に近い存在ということになる。ある程度の将来投資のために、適切な借金が必要である。どの程度までの借金であれば許容できるか、後で述べるように国の子会社を含めたバランスシートで判断せざるを得ない。

ついでにいっておくが、国債は借金だから、期日どおりに必ず利息と元本を支払わなくてはいけない。

そこで「償還費には税金が使われる、国債発行額が増えれば増税につながる」と批判する人がいるのだが、これはややミスリーディングだ。国債の償還は、借換債《しゃっかんさい》で対応することが原則だからだ。

たとえば100万円の国債が償還期日を迎えたら、新たに100万円の国債を発行して償還する、というのを繰り返す。

結果的に、借金の額は変わらない。

国債が償還期日を迎えても、国の借金は一向に減っていかないのは、償還がくるたび借り換えているからなのである。

実質的に考えれば、国は「借金を返していない」ともいえる。

返してもいないのに、税金が使われるはずがない。

「国の借金1000兆円」のウソ

企業は、負債より資産のほうが多いほど安泰だが、政府のBSは資産より負債のほうがちょっと大きいくらいが健全といえる。

もし資産のほうが大きくなったら、それは税収から費用を引いた結果、プラスになったということだ。

もし税金が余って、政府が利益として計上していたら、おかしいだろう。もしそんなことがあったら、減税などで国民に還元されるべきだ。

というわけで、**政府には「利益剰余金」となるものがなく、政府のBSの純資産（「資産・負債差額」）は、つねにマイナス**だ。これは、どの国でも同様である。

それで問題ないということも、会計的に見ればちゃんと説明がつく。

では、実際に政府のBSを見てみよう。

以下に挙げる数字は、すべて財務省が作成した「平成27年度　国の財務諸表」で公表されているＢＳ（平成29年３月30日報道発表）のものである。

細かい項目が並んでいるが、素人がすべてを理解しようとしても歯が立たないし、あまり意味がない。

ここは有価証券報告書を見る鉄則と同じ、**「際立った数字を読んで、わかればいい」**のだ。

では、負債の部で際立った数字はどれかというと、「公債」だ。

前に見た企業の有価証券報告書より、２～３ケタ多い。ここでも、数字を声に出して読んでみよう。

「公債」は、９１７兆４７３４億７０００万円だ。

これが、世に悪名高い「借金１０００兆円」の主役である。

おそらく１つ上の「政府短期証券　86兆３８２３億９０００万円」も合わせて１０００兆円と騒いでいるのだろう。

ついでにいうと「政府短期証券　86兆３８２３億９０００万円」（償還期間の短い国債＝短期国債）と「借入金　29兆８８２１億３０００万円」も足した１０００兆円ち

ょっとが、日本政府の借金だ。

しかし、会計的な見方を身につけてきた読者なら、もう、わかるだろう。**借金の額だけを見て批判するのは、的外れ**だ。

重要なのは、負債の総額ではなく、「資産と負債のバランス」である。

ということで「資産合計」を見ると、672兆3599億7000万円とあり、「負債合計」を見ると、1193兆1636億7300万円とある。

さらに「資産合計」から「負債合計」を引いた額も、自分で計算するまでもなく、BSに書いてある。

それなら、最初から「資産・負債差額」だけ見ればいいと思ったかもしれないが、**際立って数字の高い勘定項目を確認するクセは、つけておいたほうがいい。**

現に、「負債の部」を見たからこそ、「政府の負債の大半は国債」と確認することもできたのだ。

では改めて、日本政府の「資産・負債差額」はどうなっているかというと、△52

[図版23] 政府BS

貸　借　対　照　表

（単位：百万円）

	前会計年度（平成27年3月31日）	本会計年度（平成28年3月31日）		前会計年度（平成27年3月31日）	本会計年度（平成28年3月31日）
＜資産の部＞			＜負債の部＞		
現金・預金	27,761,763	52,267,723	未払金	10,281,880	10,146,649
有価証券	139,477,055	124,763,559	支払備金	305,732	299,438
たな卸資産	4,014,747	4,446,127	未払費用	1,336,191	1,336,789
未収金	6,062,551	5,811,622	保管金等	708,886	766,352
未収収益	801,925	742,119	前受金	56,334	56,046
未収（再）保険料	4,666,417	4,702,633	前受収益	1,948	1,816
前払費用	4,269,404	3,056,691	未経過（再）保険料	134,252	134,866
貸付金	138,251,040	116,203,995	賞与引当金	300,361	308,403
運用寄託金	103,674,661	106,565,114	政府短期証券	99,194,791	86,382,309
その他の債権等	3,085,152	3,097,927	公債	884,915,124	917,473,470
貸倒引当金	△ 2,056,559	△ 1,920,054	借入金	28,897,479	29,882,130
有形固定資産	179,573,519	180,465,316	預託金	6,541,389	5,565,434
国有財産（公共用財産を除く）	28,968,995	29,311,962	責任準備金	9,650,208	9,740,999
土地	17,063,919	17,100,367	公的年金預り金	113,705,287	115,868,808
立木竹	2,669,435	2,887,795	退職給付引当金	8,051,868	7,684,557
建物	3,393,557	3,368,144	その他の債務等	7,728,579	7,515,598
工作物	2,977,238	2,839,964			
機械器具	0	0			
船舶	1,454,252	1,373,484			
航空機	621,750	599,099			
建設仮勘定	788,841	1,143,105			
公共用財産	148,475,665	149,102,248			
公共用財産用地	39,198,439	39,453,220			
公共用財産施設	108,908,511	109,281,657			
建設仮勘定	368,713	367,371			
物品	2,100,612	2,023,771			
その他の固定資産	28,246	27,334	**負　債　合　計**	1,171,810,318	1,193,163,673
無形固定資産	225,789	249,497	＜資産・負債差額の部＞		
出資金	70,003,883	71,907,631	資産・負債差額	△ 491,998,966	△ 520,803,766
資　産　合　計	679,811,352	672,359,907	**負債及び資産・負債差額合計**	679,811,352	672,359,907

（注1）資産の部の現金・預金（本会計年度52.3兆円）は、年度末時点の実際の保有残高に出納整理期間における現金・預金の出納を加減した金額である（年度末時点の政府預金残高は18.8兆円、外貨預金残高は13.8兆円である）。

（注2）国が保有する資産には、国において直接公共の用に供する目的で保有している公共用財産のように、売却して現金化することを基本的に予定していない資産が相当程度含まれている。このため、資産・負債差額が必ずしも将来の国民負担となる額を示すものではない点に留意する必要がある。

（注3）負債の部の公債（本会計年度917.5兆円）については、基本的に将来の国民負担となる普通国債残高（812.1兆円）のほか、財政投融資特別会計等の公債残高を含み、国の内部で保有するものを相殺消去している（59ページの「③公債の明細」参照）。

−3−

0兆8037億6600万円だ。

「日本政府の借金は1000兆円」と批判している人たちは、この差し引き数字が見えていない。

それをいうなら、「日本政府の純資産は、約マイナス521兆円」である。

「純資産マイナス521兆円」は「健全な財政」か？

前項で見たように、日本政府の純資産は、約マイナス５２１兆円である。
問題は、それをどう見るかだ。

政府のＢＳは、「負債がちょっと多いくらい」が健全だと前に話した。
約マイナス５２１兆円なんて、一般人の感覚では、途方もない額に思えるかもしれない。だが**政府の話として見れば「問題ないレベル」**といっていい。

しかも、今まで見てきたのは日本政府単独のＢＳだ。ここに、日本銀行のＢＳを連結させると、約マイナス５２１兆円は、ほぼなくなってしまうのだ。

思い返せば、前章で見た企業のＢＳも、「連結」になっていただろう。日銀は政府の子会社のようなものだから、ＢＳを連結させていいのである。

ここで日銀のBS（図版24）を簡単に見ておこう。

日銀にもいろいろな「資産」があるが、なかでも圧倒的に大きいのは「国債」だ。

その数字を読むと、いくらになるだろうか。

日銀のBSは（千円）になっている。ここでも表示単位にパッと切り替えて、大きな数字を読む練習だ。

答えは、443兆5715億4602万5000円だ。

では日銀の「負債」はどうか。

一番大きいのは「当座預金　364兆7941億1987万8000円」「発行銀行券　101兆9734億8516万3000円」だ。

「当座預金」とは民間金融機関の日銀当座預金、「発行銀行券」とは発行された日本銀行券つまり紙幣である。

両方とも、銀行をはじめとした民間金融機関がもっている「お金」だ。私たちが自分の銀行口座からお金を引き出せば、私たちの手に渡るものである。

ここで、なぜ「お金」が日銀の「負債」になるのかと思ったかもしれない。

[図版 24]　日銀 BS

営業毎旬報告（平成 29 年 11 月 30 日現在）

2017 年 12 月 4 日　日本銀行

（単位：千円）

資産	
金地金	441,253,409
現金	232,589,250
国債	443,571,546,025
コマーシャル・ペーパー等	2,178,124,399
社債	3,222,062,142
金銭の信託（信託財産株式）	1,069,604,676
金銭の信託（信託財産指数連動型上場投資信託）	16,618,872,467
金銭の信託（信託財産不動産信託投資）	444,100,905
貸付金	46,650,858,000
外国為替	6,708,937,999
代理店勘定	13,702,693
雑勘定	708,359,999
合計	521,860,011,970

（単位：千円）

負債および純資産	
発行銀行券	101,973,485,163
当座預金	364,794,119,878
その他預金	17,840,939,963
政府預金	27,606,708,392
売現先勘定	46,823,821
雑勘定	1,552,419,352
引当金勘定	4,860,982,590
資本金	100,000
準備金	3,184,432,807
合計	521,860,011,970

簡単にいえば、**「お金」は、会計的には「日銀が発行する債務証書」**のようなものだからだ。

日銀は、民間金融機関が保有している国債を買う。その代金を、民間金融機関の当座預金に振り込む。あるいは日銀券を発行して渡す。

その「お金」の価値を保証するのは、もちろん発行元である日銀だ。

「お金」は日銀が発行する「証文」といえる。

だから「当座預金」も「発行銀行券」も、日銀の「負債」になるのだ。

「負債」とはいえ銀行券に対して、日銀が利息を支払うことはない。誰も日銀から利息を受け取ったことはないだろう。

では、当座預金はどうかというと、実は民間金融機関は利息を受け取っている。

この経緯は、拙著『99%の日本人がわかっていない国債の真実——国債から見えてくる日本経済「本当の実力」』（あさ出版）に詳しく書いている。

民間企業が民間金融機関に持っている当座預金には利子はない、それなのに、民間金融機関が日銀に持っている当座預金には、利子があるのは本来不合理である。

それは日銀の民間金融機関への「お小遣い」であると説明しているので、詳しくは同書をご覧いただきたい。

ともあれ「当座預金」と「発行銀行券」は、日銀にとって負債であっても借金ではないといえる。

したがって、日銀のＢＳは「負債」が実質ほとんどゼロ、「資産」が４４３兆円ということになる。

ちなみに、額は小さいが、触れておきたいのは**「準備金」**だ。これは、**日銀が得てきた利益**のことだ。

日銀は、国債の代金として「お金」を払う。その「お金」は負債に乗るが、今もいったように無利息だ。「お金」の製造原価も、ほとんどかからない。

一方、民間金融機関から買った国債は国の借金であり、国から利息が支払われる。

要するに**日銀には、「費用がほとんど引かれない収入」**があるということだ。

それが決算時に、「準備金」としてＢＳに乗る。ＰＬで「国庫納付金」として政府に納められた後の累積利益ともいえる。

実は、日銀の国庫納付金の仕組みさえわかっていれば、本来の日銀の収入は、一部はＰＬの国庫納付金、そのほかはＢＳの「準備金」、「引当金」などになることもわかる。

そうすると、ＰＬの国庫納付金が少ない理由もわかってくるだろう。このあたりは、読者のさらなる勉強課題としたい。

これで、日銀のＢＳのだいたいのところは、わかっただろう。

では、日銀ＢＳを政府ＢＳに連結したら、どうなるか。

日銀の「資産」である４４３兆円が、ほぼそのまま政府の「資産」に加わる形となる。すると、政府の「資産・負債差額」は、マイナス１２０兆円にまで下がる。

これまでの数字は公表されている財務書類なので、時点がやや古い。もし、現時点で、この連結ＢＳを作れば、資産・負債差額はほぼゼロになっているだろう。

日本政府の財務状況は、問題ないレベルといえることになるのだ。

このように**政府と中央銀行のBSを連結したものを、「統合BS」**と呼ぶ。

今までにも、著書やコラムで繰り返し述べてきたことだが、この**統合BSで政府の**

財務状況を見るのは、世界の常識だ。

今までは誰にでもわかるよう、統合バランスシートを、かなり簡略化した図に書き換えて紹介してきた。だが、本当は、実際の政府ＢＳと日銀ＢＳを連結させたほうが、はっきり理解できる。

本書の読者は、すでに会計の基礎が身についている。財務書類の見方も、だいたい飲み込めたはずだ。

日銀ＢＳと、政府ＢＳを連結させると「資産・負債差額　△１２０兆円」になることも、ぜひ確認してみてほしい。

政府には「とっておきの財布」がある

膨大な予算書は読まなくてもいいが、国の予算が決まる仕組みくらいは、ざっと説明しておこう。

各省庁は毎年8月末までに、「来年、うちの省では、これくらいの支出が見込まれますが、収入はこれくらいになりそうです。ついては、これくらいの予算をつけてください」という要望を財務大臣に出す。

これを**「概算要求」**という。

財務省は、各省庁の概算要求に基づいて、12月末までに、どの省庁に、どれだけの予算をつけるかという財務省原案を作り、それは閣議に提出される。

そして概算閣議によって政府案が作られる。

この政府案が、1月~3月の通常国会予算委員会で話し合われ、最終的に承認される。こうして翌年度の予算と国債発行額が決まる。

予算委員会で政府案が覆されるという事態は、理屈上はありうるが実際には起こらない。

議院内閣制では、衆議院の多数派が政権についており、政府の意見と衆議院の多数派の意見が食い違うことはないからだ。

政府案は、閣議で検討を尽くし、調整され、作られる。予算委員会で、野党の質問に答えるだけ答えたら、そのまま承認される場合がほとんどだ。

国の会計には、**「一般会計」**と**「特別会計」**と呼ばれるものがある。

一般会計は、国家運営上の一般的な予算だ。

一方、**特別会計とは、「ある特定の目的のために、別個に作ったお財布」**である。

特別会計の収入源は、税収、国債に加えて、国民が支払う業務手数料だ。

たとえば「社会資本整備特別会計」なら、私たちが支払っている高速道路利用料金が収入源の1つになっている。財投債を発行して高速道路が建設されたとしたら、利用料金の収入は、その国債を返す財源の1つにもなる。

そして年度末には、一般会計と特別会計のすべてがまとめられ、「国の決算書」が作られる。先ほど見た政府BSが、それだ。

日銀と政府は、会計的には夫婦みたいなもの

少し知識がついてきたら、以前より経済ニュースに敏感になるかもしれない。今まではサッパリわからなかった言葉が、理解できる言葉として飛び込んできたら、より関心も高まることだろう。

それはけっこうなことなのだが、何しろ世の中には「経済のことがわかっていない人たち」が、「ふんわりした理解」で報じているものが非常に多い。身につけたての知識では、簡単に惑わされかねない。

たとえば、「金利上昇によって、国債に評価損が生じ、日銀は大きな損失を出す」という記事を見て驚いたことがある。

金利が上昇すると、国債の市場価格は下がる。買った額より市場価格が下がること

を「評価損が生じる」という。下がった価格で売れば、売却損が生じる。

記事は、大量に国債を持っている日銀は、金利上昇によって数兆円もの損失を出すと指摘しているのだ。大手情報分析会社・ブルームバーグのエコノミストの分析だというが、大事な点を見過ごしている。

日銀は、たしかに国債をたくさんもっている。

国債は、発行元の政府にとっては負債であり、購入者の日銀にとっては資産だ。そして、購入者にとっての評価損は、発行元にとって評価益となる。

これも事実だ。

しかし、ここで見過ごせないのは、日銀は政府の子会社のようなものであり、「会計的には一体」と考えていいということだ。

つまり、**政府と日銀だと、国債の価格変動によって評価益が生じるほうと、評価損が生じるほうとが一体**なのである。

そう考えれば、国債の評価損によって日銀が大損するという話は、成り立たない。

では実際に、日銀保有国債の評価損に対処するとしたら、どんなオペレーションが考えられるか。

日銀がもっている国債を、政府が額面（購入額と同じ額）で買う。そうすれば、評価損はなくなる。

ただ、政府が額面で買うだけだと、日銀のBSからは、国債という資産が消え、したがって銀行券や当座預金といった負債もなくなってしまう。

そこで政府は新たに国債を発行し、日銀は、国債を額面で買ってもらって得た資金で、その新発国債を買えばいい。

これは、日銀に売却損が出たために、政府が日銀に補助金を出して、その損失を埋めてあげた、というのと同じことだ。

反則ワザのように思えるかもしれないが、子会社の損失を、親会社が補填するのは、民間でも当たり前に行われている。政府と日銀は一体であると考えれば、納得がいくだろう。

最初から政府が額面で日銀保有の国債を買えば、損失の補填のために補助金を出すという、回りくどい方法をとらずに済む。

それだけの話である。

だから、会計としては、政府と日銀を合算した連結ベースで見ることが重要なのだ。連結にしておけば、日銀の保有分の国債は資産にあるが、それは負債になる国債と「相殺」できる。

つまり、日銀の保有国債の評価損は政府の負債の評価益と同じになるから、考えなくてもいいというわけだ。

実は、私は、はじめから連結BSで考えていて、それを一般の人にもわかるように、右に書いたようなオペレーションを考えているわけだ。

つまり、会計的な思考が先にあって、それと整合的な実際のオペレーションを考えているのだ。

著者紹介

高橋洋一（たかはし・よういち）

1955年東京都生まれ。都立小石川高校（現・都立小石川中等教育学校）を経て、東京大学理学部数学科・経済学部経済学科卒業。博士（政策研究）。

1980年に大蔵省（現・財務省）入省。大蔵省理財局資金企画室長、プリンストン大学客員研究員、内閣府参事官（経済財政諮問会議特命室）、総務大臣補佐官、内閣参事官（総理補佐官補）等を歴任。

小泉内閣・第一次安倍内閣ではブレーンとして活躍し、「霞が関埋蔵金」の公表や「ふるさと納税」「ねんきん定期便」など数々の政策提案・実現をしてきた。

また、戦後の日本における経済の最重要問題といわれる、バブル崩壊後の「不良債権処理」の陣頭指揮をとり、不良債権償却の「大魔王」のあだ名を頂戴した。

2008年退官。

その後、菅政権では内閣官房参与もつとめ、現在、嘉悦大学経営経済学部教授、株式会社政策工房代表取締役会長。

『【図解】ピケティ入門』『【図解】経済学入門』『【図解】統計学超入門』『外交戦』『【明解】経済理論入門』『【明解】政治学入門』『99%の日本人がわかっていない 新・国債の真実』『【図解】新・地政学入門』（以上、あさ出版）、第17回山本七平賞を受賞した『さらば財務省！ 官僚すべてを敵にした男の告白』（講談社）など、ベスト・ロングセラー多数。

世《よ》の中《なか》の真実《しんじつ》がわかる！
明解《めいかい》　会計学入門《かいけいがくにゅうもん》　　〈検印省略〉

2018年　4　月　13　日　第　1　刷発行
2024年　11　月　2　日　第　5　刷発行

著　者――髙橋 洋一（たかはし・よういち）
発行者――田賀井 弘毅

発行所――株式会社あさ出版
〒171-0022 東京都豊島区南池袋 2-9-9 第一池袋ホワイトビル 6F
電　話　03（3983）3225（販売）
　　　　03（3983）3227（編集）
F A X　03（3983）3226
U R L　http://www.asa21.com/
E-mail　info@asa21.com

印刷・製本　（株）ベルツ

note　http://note.com/asapublishing/
facebook　http://www.facebook.com/asapublishing
X　http://twitter.com/asapublishing

©Yoichi Takahashi 2018 Printed in Japan
ISBN978-4-86667-063-8 C2034

本書を無断で複写複製（電子化を含む）することは、著作権法上の例外を除き、禁じられています。また、本書を代行業者等の第三者に依頼してスキャンやデジタル化することは、たとえ個人や家庭内の利用であっても一切認められていません。乱丁本・落丁本はお取替え致します。

★ あさ出版の好評既刊 ★

99%の日本人がわかっていない

新・国債の真実

髙橋洋一 著　四六判　定価1,540円 ⑩

★ あさ出版の好評既刊 ★

世界の「今」を読み解く！

図解 新・地政学入門

髙橋洋一 著　四六判　定価1,650円 ⑩

3万部突破！

★ あさ出版の好評既刊 ★

たった1つの図でわかる!

図解 新・経済学入門

髙橋洋一 著　四六判　定価1,650円 ⑩

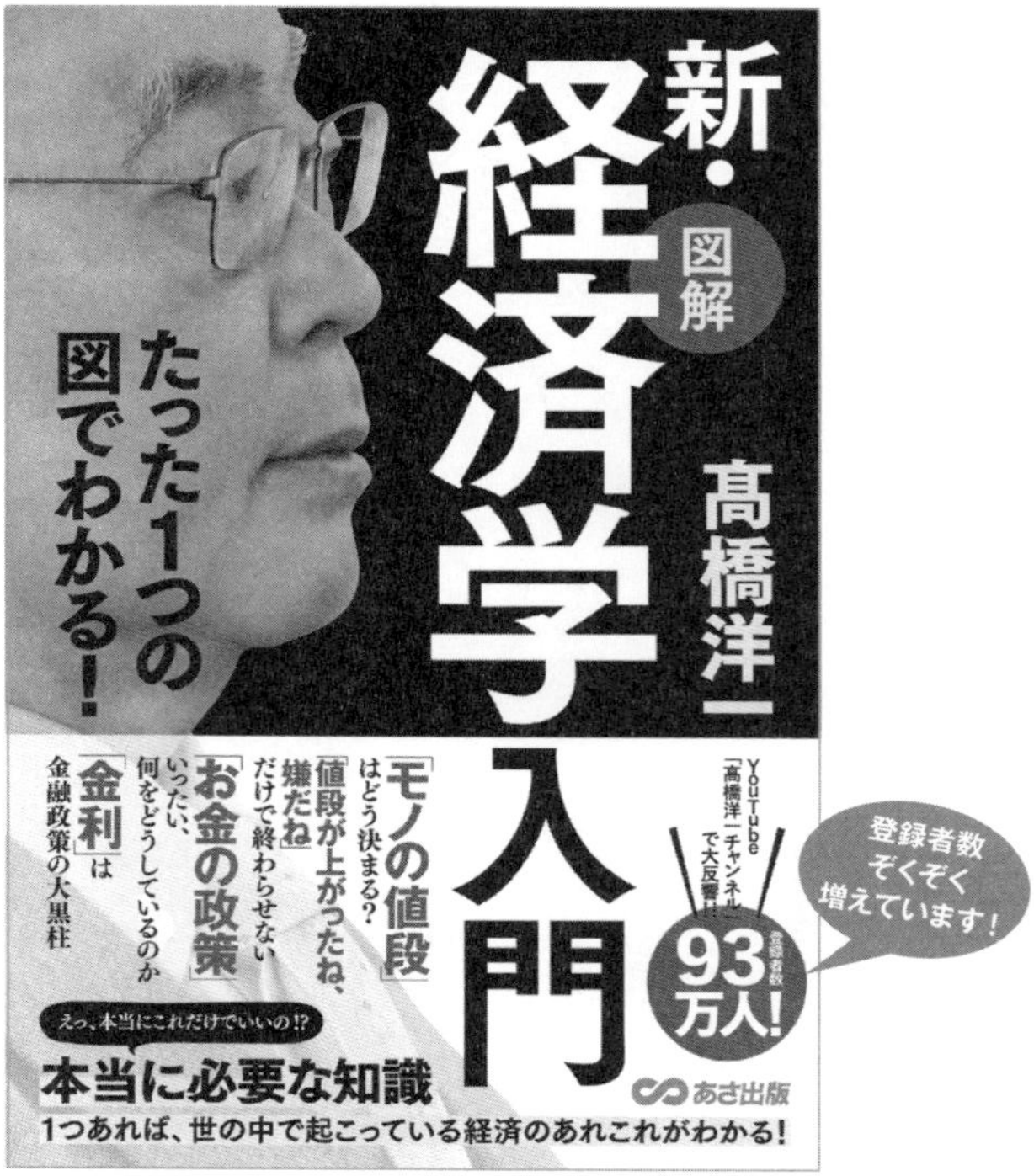